特色学校聚焦丛书　丛书主编　杨四耕

生命的颜色与教育的意蕴

徐劲潮◎著

华东师范大学出版社

·上海·

图书在版编目(CIP)数据

生命的颜色与教育的意蕴/徐劲潮著. —上海:
华东师范大学出版社,2024. —(特色学校聚焦丛书).
ISBN 978 - 7 - 5760 - 5138 - 4

Ⅰ. G632.0

中国国家版本馆 CIP 数据核字第 2024M1S545 号

特色学校聚焦丛书

生命的颜色与教育的意蕴

丛书主编	杨四耕
著　者	徐劲潮
责任编辑	刘　佳
项目编辑	林青荻
特约审读	袁子微
责任校对	李琳琳
装帧设计	卢晓红

出版发行　华东师范大学出版社
社　　址　上海市中山北路 3663 号　邮编 200062
网　　址　www.ecnupress.com.cn
电　　话　021 - 60821666　行政传真 021 - 62572105
客服电话　021 - 62865537　门市(邮购)电话 021 - 62869887
地　　址　上海市中山北路 3663 号华东师范大学校内先锋路口
网　　店　http://hdsdcbs.tmall.com

印 刷 者　上海龙腾印务有限公司
开　　本　787 毫米×1092 毫米　1/16
印　　张　16
字　　数　157 千字
版　　次　2024 年 10 月第 1 版
印　　次　2024 年 10 月第 1 次
书　　号　ISBN 978 - 7 - 5760 - 5138 - 4
定　　价　52.00 元

出 版 人　王　焰

(如发现本版图书有印订质量问题,请寄回本社客服中心调换或电话 021 - 62865537 联系)

好学校的性格色彩

这些年，我与中小学、幼儿园有许多"亲密接触"。从这些学校中，我发现了一个"秘密"：好学校总有自己的性格色彩，总有自己的精神属性。

好学校有丰富的颜色

好学校一年四季都有风景。春天，你走进它，有各色花儿，红的像火，粉的像霞，白的像雪。夏天，你置身其中，绿草茵茵，就算骄阳似火，也有阴凉。孩子们可以踢球、打滚，可以任性。秋天，你老远就可以看到，枫叶红了，橘子黄了，婀娜多姿。冬天，你靠近它，香樟绿环绕着你，垂柳枝笼罩着你，你不会觉得单调。当然，环境的价值不在于"装扮"，而在于让心灵沉静，让生命多彩。它是生命哲学的演化，是内心深处的讴歌与赞美。法国思想家卢梭说教育的核心是"归于自然"——回归"自然状态"，回归人之原始倾向。善良总存在于纯洁的自然之中。好学校总是拥有自然的纯净与原始美，它努力让孩子们与美好相遇。静谧，美好——好学校是温润的。

好学校有足够的成色

成色是衡量一所学校教育境界的一个指标，是一所学校的"育人"含金量。如果一所学校的含金量定位为考试成绩，它的成色就是混浊的；如果一所学校的含金量定位为立德树人，它的成色就是清纯的。黎巴嫩诗人纪伯伦说过："我们已经走得太远，以至于忘记了为什么而出发。"教育是为着我们不曾拥有的过去，为着我们不曾经历的当下，为着我们不曾想到的未来。教育之原点在于激发想象，而不仅仅是学习知识；教育之原点在于发展理性，而不仅仅是讲授道理；教育之原点在于鼓励崇高，而不仅仅是理解规范；教育之原点在于丰富经历，而不仅仅是掌握技艺；教育之原点在于温暖心灵，而不仅仅是强化记忆；教育之原点在于强健身心，而不仅仅是发展智能；教育之原点在于点亮人生，而不仅仅是预知未来。回归原点，是好学校的立场。不功利——好学校是纯粹的。

好学校有优雅的行色

优雅是让人向往的，有来源于生命本身的气质。每一个人都行色匆匆，孩子们被课业压得喘不过气来，教师被比较成绩而形成优劣阵营，这样的学校就不会是一所好学校。什么是好学校？孩子们表情舒展，教师们精神敞亮——每到一所学校，我总喜欢以这样的眼光去观察师生的生命状态。我发现，在好学校，孩子们的脸总是明晃晃的，有美好期待；教师的行色总是从容优雅，有专业自信。女孩子清新可人，男孩子风度翩翩，生命在人性层面焕发出动人光彩。一句话，每一个生命都自然而然地生长，这里有一种难以言说的气息在校园里弥漫开来、传播出去。对此，我只能说：好学校是舒展的。

好学校有鲜明的特色

办学特色是一所学校整体呈现出来的系统性特征，集中表现在基于学校文化的课程体系。学校办得好不好，不在于规模有多大，而在于特色是否鲜明，是否有足以体现自己文化的课程架构。好学校行走在有逻辑的课程变革之路上，努力让学校课程富有倾听感，关注学生的学习需求；拥有逻辑感，建构严密的而非拼盘的课程体系；嵌入统整感，更多地以整合的方式实施而非简单地做加减法；饱含见识感，以丰富学生的学习经历为取向；提升质地感，课程建设触及课堂教学变革，课堂教学呈现出新的文化样态。一句话，好学校课程目标凸显内在生长，课程内容突出学习需求，课程结构强调系统思维，课程实施张扬生命活性，课程评价与管理彰显主体向度。好学校关注学习方式的多变性和场景性、学习时间的灵活性和可支配性、学习空间的多元性和舒适性、学习资源的丰富性和易得性，让所有的时空都成为课程场景，让孩子们学习作品的形成、展示、发布、分享成为校园里最美的景观，让时空展现出生命成长的气息和灵动。是啊，好学校有生命里最美好的记忆。

好学校有厚重的底色

厚重的底色不在于办学时间长短，而在于拥有强烈的文化自信。进入学校，我喜欢看墙上的"文字"。多年经验告诉我，文化不在墙上，很多时候，墙上的文字越多，学校的文化含量越低。道理很简单，大量文字堆放在墙上，说明这种文化还没有被老师们普遍认同，更谈不上内化于心、外化于行；说明这种文化还缺乏影响力，还没有被大众广泛接受，需要宣示和传播。一所学校是否拥有自己的教育哲学，是否拥有自己的教育信仰，是它"底色"如何的重要侧面。毫无疑问，好学校应该有自己的教育信仰。但是，教育信仰不是文字游戏，不是专家赐予的东西。信仰是从内心深处生长出来的，是从脚底下走出来的，是从指尖流淌出来的，是慢慢地生长、慢慢地走出来、慢慢地流淌出来的东西。唯有"慢慢地"才能"深深地"，"深深地"才能"牢牢地"，扎下根来，进入我们的灵魂，融入我们的血液，成为我们生命的构成，成为我们前行的力量。文化总是无言或少言，但让人作出判断和选择。好学校，你一走进去，一种向往感、追慕感、浸润感便油然而生。因此，好学校是柔软而有力的。

美国思想家梭罗在《种子的信仰》一书中把好学校比喻为"一方池塘"，每一个孩子在其中如鱼得水，自由自在，这就是"回归自然"的状态。不是吗？好学校总是这样的——温润，纯粹，舒展，美好，柔软而有力——这也是本套丛书聚焦的一批学校的性格色彩。

杨四耕

2023 年 2 月 21 日于上海市教育科学研究院

目　录

第一章　在"五彩文化"上着笔 / 1

学校文化是学校的生命和灵魂,对文化的传承与创新是学校的使命。多年来确立的以"五彩"为内核的校园文化,坚持以"五彩文化"为主导,着力把学校办成师生共成长的多彩校园,形成了良好的校风、教风和学风,形成了清晰的学校发展路径。用"五彩教育"思想引领全体师生明确成长目标,有效激活了办学活力,有力推进了学校的内涵发展。

第二章　在"五彩德育"上着意 / 25

热烈的红、浩瀚的蓝、高雅的橙、希望的绿、灿烂的金，对应着德智体美劳"五育并举"，每一种美好的色彩都成为照亮学生生命之光的源泉，体现着学校搭建五育融合育人体系的架构。在"五彩教育"的引领下，学校不断探索思路、重塑品牌、创新载体，给每一个学生"无差别的爱"，引导学生"扣好人生第一粒扣子"，向下扎根，向上成长。

第三章　在"五彩课程"上着手 / 81

课程是一个可延伸的触角。让课程更好地链接生活、链接活动、链接管理以及一切可能的要素，让学校课程纵横交错，能够真正"落地"，这是课程变革的关键手段。丰富的课程有利于学生的人格丰满，这是一个课程常识。如果把课程视为书本，学生可能会成为书呆子，如果把课程视为整个世界，学生就会拥有驾驭世界的力量。

第四章　在"五彩课堂"上着力 / 123

"五彩课堂"关注学科素养、学习乐趣、问题思辨、实践体验、学习效果等要素,这些要素的单向或融合发力助推课堂从"浅层思维"走向"深度学习",为课堂教学改革找到切入点。"五彩课堂"以教学主张为载体,以课例为"通行证",使不同学段、不同学科的研究找到共同点,形成"贯通一致、节点多元"的运行图谱。

第五章　在"五彩教师"上着色 / 157

对照"有理想信念、有道德情操、有扎实学识、有仁爱之心"的"四有"好教师标准，着力加强师德师风师能建设，遵循教师成长规律，优化和完善教师发展平台，形成良好的教师专业成长机制，引导教师"堂堂正正养德，规规矩矩修身，兢兢业业教书，踏踏实实育人"，形成一支专业化、学习型、发展型团队。

第六章　在"多彩管理"上着墨 / 203

一所优质的学校，必须有一支优秀的团队，尤其是有一支优秀的管理团队，形成一个紧密互信的共同体。学校管理的重点在"人"，管理学校实现高质量发展，着力落实抓党建核心，树党员先锋示范作用，抓班子建设形成纵横协调联动工作机制。努力践行教育改革，创新学校管理方式，基于优质发展实施管理样态的优化与完善，探索实施"实效为真目标式、规范为先制度式、以人为本民主式、成长为要激励式"管理新样本,不断提升学校办学品质,把学校建成师生共同成长的五彩家园。

每一个生命的颜色都是不一样的

　　我的工作经历比较简单,1990年毕业于上海师范大学物理系,获理学学士学位,2012年到新加坡南洋理工大学国立教育学院进修学习,获教育管理硕士学位。曾任上海市凤城中学副校长、上海财经大学附属中学副校长、上海市建设初级中学校长。2014年调任上海市市光学校担任校长,至今已有十个年头。

　　上海市市光学校是杨浦区一所九年一贯制公办学校。十年来,我和我的团队,努力创设适合学生发展的教育,办适合学生发展的学校。通过建立学段式管理模式,探索打通小初界限,推进九年贯通办学,实行学校扁平式管理,着力实施"五彩教育",持续以"五彩课程""五彩课堂""五彩品格""五彩师训"等理念充盈"五彩教育"内涵,为学生健康快乐成长奠基筑石,让每个学生的梦想都拥有亮丽色彩,让每个教师教书育人的生涯更出彩,让学校成为师生共成长的多彩世界。通过"五彩教育"的扎根实践研究,让师生获得更好发展,让学校走上了优质发展、多彩发展的高地。

一、创生"五彩教育"的办学思想

世界是五彩缤纷的,教育是多彩多元的。五彩是世界的色彩,是生命的色彩,同时也是校园的色彩、教育的色彩。我立足于市光学校的基本校情和学情,基于教育方针,基于社会发展,基于学校变革,基于学生成长,在经过专题调研、专家咨询、反复循证的基础上提出了"五彩教育"这一办学理念。

1. 基于国家教育方针的落地

我国《教育法》规定义务教育阶段国家的教育方针为:教育必须为社会主义现代化建设服务、为人民服务,必须与生产劳动和社会实践相结合,培养德、智、体、美、劳全面发展的社会主义建设者和接班人。

中共中央、国务院《关于深化教育教学改革全面提高义务教育质量的意见》要求:"坚持德智体美劳'五育'并举,全面发展素质教育"。从"五育不全"到"五育并举"再到"五育融合",义务教育阶段学校在"五育融合"的系统化建设下发展学校特色。学术界与学校实践都有一些初步的探索,提出了建设性的意见。学术界从教育生态学视角来解释"五育融合"含义,并提出学校构建"五育融合"的教育生态系统。落实国家的教育方针,就是要培养"五育并举"的"五彩学生"。党的二十大报告指出"全面贯彻党的教育方针,落实立德树人根本任务,培养德智体美劳全面发展的社会主义建设者和接班人"。这为新时代人才培养和教育强国建设指明了方向。

全面落实国家的教育方针,在市光学校就是要培养具有大爱品德、睿智头脑、强健体魄、高雅心灵、勤劳双手的"五彩品格"的时代新人,培养全面发展和个性鲜明的五彩学生。

2. 基于答好社会发展的时代考题

当今社会需要什么样的人才,未来社会需要什么样的人才,这是我们基础教育者应该重点思考并努力践行的话题。未来社会需要的人才,必须培育和践行社会主义核心价值观。社会需要德智体美劳全面发展的复合型人才,也需要在某一个方面或几个方面有突出能力并且有相应的素质相匹配的专门性人才。

近年来,五彩教育的研究致力于学校特色建设的探究。研究者在实践研究中经过不断探索创新,形成了符合现代教育的核心价值观、鲜明的办学特色和学校文化,确立了"培养具有现代素养、世界眼光、富有人格魅力的人才"的学校培养目标,形成了"尊重差异、赏识个性,让每一个生命的色彩更加绚丽"的教育理念。"师生人格平等,相信每一个学生都能成功",成为每一位教师的教育准则。

市光学校的"五彩教育",是全面的教育,也是培养个性特长的教育,是社会发展的需求,是学生成长的沃土。

3. 基于满足学生成长的多元需求

美国教育心理学家加德纳认为,人的智能至少可以分成八个范畴:语言、数理逻辑、空间、身体运动、音乐、人际、内省和自然探索。每个人的智能倾向有所不同,而在不同时期的智能倾向也有不同。我们提出的"五彩教育"正是充分尊重学生的智能倾向、成长环境、同伴交往等各方面因素后,为实现"让学校成为师生共成长的多彩世界"的办学愿景而实施的教育。

季羡林先生曾这样描写他的童年:回忆起自己的童年来,眼前没有红,没有绿,是一片灰黄,很难找出什么有声有色的东西。比如高尔基的童年是那么地恐怖、悲惨,令人不敢去回想。我们的学生会用什么样的词语来形容自己在市光学校的学习生活呢?成功的九年一贯制教育应该是色彩斑斓的。

市光学校实施九年贯通教育,学生的年龄在 6 岁到 15 岁,正处于童年和少年时期,是学生成长的关键期,也是他们为一生的学习生活奠定基础的黄金时期。我们结合九年一贯制学生的生理发展、心理发展和学习发展特征,采用适宜的教育方法,让每个孩子度过一个快乐的、难忘的、有意义的小初时代。

4. 基于推动学校变革的教育哲学

学校教育哲学是指学校的办学理念、办学目标、管理理念等内涵文化。10年来,我一直着墨"五彩教育",把"五彩教育"作为学校教育哲学和办学思想,始终坚持努力让每一朵花儿灿烂绽放,围绕办一所"师生共同成长的五彩校园"的信念,有逻辑地推动学校有质量、有品位地多彩发展,让全校师生都清晰地理解:市光学校是一片充满生机的沃土,是一个异彩纷呈的百花园,学校的每一个学生就是一朵朵独一无二、含苞欲放的小花。我和我的团队的使命就是为每一朵花儿提供充足的阳光和雨露,让每一朵花儿绽放出生命中最绚丽的色彩。

二、解读"五彩教育"的内涵要义

"五彩教育"的"五"是数列1—9"正中点":折中、承上启下,是一种对称、一种平衡、一种和谐。《洛书》在为数字排序时提到"以五居中",五行中居中者为"土",五行相生相克,五彩共融共生。它既体现中华民族传统的"贵和尚中"的审美心理,也符合中国传统儒学的最高道德标准——中庸精神。

市光学校"五彩教育"蕴含着"红、蓝、橙、绿、金"五种色彩,也就是学校LOGO中所呈现的五种颜色,各有不同的含义:国旗红——大爱品德(仁义孝敬、善良正气、民主平等、珍重生命);星空蓝——睿智头脑(善于学习、独立思考、探究创新、视野开阔);阳光橙——强健体魄(强身健体、讲究卫生、情感积极、个性健全);筠清绿——高雅心灵(追求真善、举止大方、言谈得体、情趣高雅);稻谷金——勤劳双手(崇尚劳动、注重实践、吃苦耐劳、勤俭朴实)。

"五彩教育"的办学思想蕴含着教育内容和方式的多姿多彩,作为教育对象的学生的性格类型多种多样,作为教育者的教师的精神和智慧厚重而丰富。市光学校作为九年一贯制学校,不选择生源,学生成长差异明显。学校既要按照党的教育方针全面培育,促进共性发展,又要尊重差异,满足学生个性成长的需要,这就要求学校实施包容多样的适性教育。

"五彩教育"不仅是学校全面深化教育改革的新探索,而且是现代教育理论的新实践,是教育内涵的再深化、再提高。"五彩教育"不但丰富了教育内容和活动,而且为不同智能倾向和不同兴趣爱好的学生个性化发展提供了可能。

"五彩教育"是充分尊重学生的智能倾向、成长环境、同伴交往等各方面因素后,为满足每一位学生的需要而实施的教育。以皮亚杰、布鲁纳为代表的建构主义认为,知识不是通过教师传授得到,而是学习者在一定的情境即社会文化背景下,借助其他人的帮助,利用必要的学习资料,通过意义建构的方式而获得的。"五彩教育"正是遵循建构主义学习观,创设一切机会让学生参与到整个学习过程中。以托尼·布恩教授为代表的英国全纳教育专家主张要促进学生参与就近学校的文化、课程、社区活动并减少学生被排斥,体现出教育公平原则。"相信每一个学生都能成功",关注每一个个体的不同,杜绝任何一个孩子被排斥在学习活动和团队之外,让所有学生都能发挥出他们的潜质,获得最大的进步。

每一个生命的颜色都是不一样的。"五彩教育"的核心要义是尊重与欣赏,每一个生命的色彩都是美丽的,我们的教育是让生命的色彩更加绚丽。总体上说,"五彩教育"是一种符合人性与教育规律的教育生态系统。尊重每一个生命的不同色彩是"五彩教育"的灵魂。尊重差异、尊重生命,尊重每一个生命的不同色彩,尊重每个生命个体的选择,培养学生自己做出选择的能力是"五彩教育"的核心价值取向。

三、精耕"五彩教育"扎根实践

十年来,我带领团队倾力塑造学校"五彩教育"品牌,从五彩课程、五彩课堂、五彩德育、五彩师训、五彩文化等路径探索实践,引领学校高质量发展。

1. 建设让学生绽放精彩的"五彩课程"

一是全学段实施"五彩课程"。以"五彩教育"引领学校课程建设,初步形成了"让每一个学生都拥有多彩梦想"为理念的"五彩课程"体系。五育融合、三全育人,顺应综评,不断丰富课程内涵,拓展课程时空,完善课程体系,培育学生综合素质,为学生提供更有质量的教育,实现从稳定均衡走向优质发展。

在规范执行课程计划的基础上,以创智课堂、提升课程领导力、实施国家基础型课程校本化、转型教学数字化等区域综改项目为抓手,持续推进基础型课程校本化实践研究。以学生发展需要、社会发展需要为基础,结合教师特长,开设涵盖体育、艺术、科技、人文四大类拓展型课程。通过校本化的课程文本记录课程实施过程,加强动态管理,在科学实施中合理评价,尽可能满足学生全面且个性化发展。积累拓展课程建设成果,搭建多元化展示平台。每学年以展演、挂牌、读本等形式,提升学校课程品质,为学生自主选择、增长见识、拓宽视野,提供丰富、优质的课程。师生在各级各类活动中脱颖而出,收获不断,各级各类奖项达千余。依据《上海市市光学校探究型课程实施方案》开展项目化学习,厘清探究型课程的界定,完成课程的设置、内容、评价,建立了完整的课程架构设计,形成"先导微课程＋主题性课程"的"4＋N"模式。在杨浦区新优质项目展示上做《综评视野下的学校课程再造》主旨发言。持续深入推进"课程领导力"项目校本化实践,依据学校课程方案,研究新课标、新教材,推进学科课程纲要编制。

二是全场域实施校本课程。学校课程建设与管理领导小组协同德育、教学等多部门,充分发掘、选择、整合教师、家长、社区和高校的课程资源,从学科能力拓展、优秀文化传承、多元智能发展、创造力提升等方向,结合学生的身心特点和学习兴趣,开发覆盖德育、人文、科创、艺体、生涯五大板块的"必修+选修"的"五彩德育"课程。拓展课程、探究课程、社团课程、校园活动、社会实践与社区服务等校本课程,满足学生全面且个性化发展的需要。通过主题式课程、项目化学习,让学生在体验式、参与式的学习中培养和发展学习习惯、健康生活、审美情趣与艺术表达等跨学科的综合素养。

丰富多彩的校本课程是课后服务品质的保障,学校不断完善家校社共治共育的育人格局,拓展学生成长空间,满足学生多样化的发展需求,开设了"托管""社团"和"拓展探究"三类课后服务课程,共50余门课程。

三是全方位实施综合实践课程。初中以语文综合性学习(名著悦读)、地生跨学科案例分析、理化实验探究为先行试点,根据新课程方案,学科综合实践活动不少于10%的要求,设计学习计划或课程实施方案,开展学科课时内的跨学科、主题式、项目化学习。小学坚持在学科立场的基础上打破学科界限,整合两门及以上学科知识与能力,以中心主题开展跨学科研究性学习,并以学科主题活动周的形式进行交流与展示。建设九年一贯特色课程,实施综合实践活动,深化特色学校内涵发展,夯实底蕴,擦亮品牌。

四是全要素实施劳动教育课程。依据国家《义务教育劳动课程标准(2022年版)》,形成各学段、年级的"每周一课时规划""劳动周规划",以劳动清单形式呈现课程体系;通过课程团队分工、备课与教研安排、教学模式与策略、资源开发与利用、家校社区联动等内容说明课程实施;制定课程评价(含评价原则、评价工具、评价方式等）；提供课程保障，聚焦劳动创新、劳动创智、劳动创造的"三创"理念，旨在通过课程设计、教学过程、达成目标等体现"三创"理念。探索"四全"策略，即劳动教育课程需要全要素、全过程、全场域、全方位实施。全要素是指劳动教育课程培育的劳动素养包括劳动观念、劳动能力、劳动习惯和品质、劳动精神；全过程是指学生成长的全过程，覆盖九年一贯全学段；全场域是指劳动教育课程开展的物理空间，贯穿学校、家庭、社会等各场域；全方位是指融入国家课程、地方课程、校本课程、综合实践活动等，并坚持"五育融合"。

五是全过程实施课程评价改革。树立科学的教育质量观，以本市和区域学生学业质量绿色指标综合评价为契机，积极探索建立以校为本、基于过程的教育质量综合评价体系。深入实施学生学业质量综合评价与学生综合素质评价改革，创新评价方式，强化过程评价、探索增值评价、健全综合评价，加大信息技术与大数据对学习评价的支撑力。比如依托"数字画像"大数据平台，开展学生体育素养、劳动素养、心理健康等方面的发展性评价；依托"三个助手"数字化平台，赋能学习评价。师生能及时、精准地看到反馈数据，能够追溯学习发展轨迹，教师能更好地落实因材施教，学生通过平台智能获得适合自己的学习任务。"三个助手"有效地帮助提高教学效率，丰富教学互动方式，提高学生学习兴趣。

根据学科课程标准，基于单元教学设计，指向学生核心素养，形成体现学习进阶的过程性评价、增值评价，主要包括小组报告、活动方案、演讲表达、作品展示、项目呈现等多元形式，衡量学生学习效果。通过学校读书节、科技节、艺术节、运动会、劳动实践等特色活动，真实记录学生的学习动力、自主建构、自主发展能力、学习过程与学习结果等要素，突出学生在综合实践活动中的整合知识的能力，强调学生在活动中培养适应未来社会生存与发展所需要的关键能力、必备品格与价值观念。

2. 营建让学生大放异彩的"五彩课堂"

坚守质量,聚焦五彩课堂。坚持全面的质量观,以"上海市中小学生学业质量绿色指标"为导向,基于校情学情,坚持素养导向,全面执行学科课程实施纲要、单元教学设计(含作业设计)、课时教学设计的课堂转型;以项目、课题及"市光杯"等七大类公开课为抓手,深入推进"课研修"的课例研究与"教学评一致"的作业研究,不断巩固"倾听、悦读、慧言、会做、合作"的"五彩课堂2.0"特质与样态。

明确学校领导、分管教学校长、教导主任和教师的听课评课要求。在教学部界定的"骨干课""新员课""再造课"等7类课中,大家深入课堂听课、磨课,关注真实课堂,指导教学实践。各教研组围绕"倾听、悦读、慧言、会做、合作"五彩课堂的课堂特质和内涵,突出一"彩",设计课堂观察量表,分视角观察教师的教和学生的学。为提高"评课"时效性,制定了《上海市市光学校"五彩课堂"教学评价表》,评价务必包含"一个亮点、一个不足、一个建议"。在建构教师丰富认知上,我们鼓励教师跨学科听课,促进学科融合发展。

优化作业,落实减负增效。完善学校作业设计与管理制度,开展优秀作业设计展评,将高质量校本化作业设计纳入教研体系。加强作业管理与指导、强化作业统筹、注重作业设计、规范作业布置、严肃作业批改、巧心作业辅导,鼓励布置分层、弹性和个性化作业,坚决克服机械、无效作业,杜绝重复性、惩罚性作业。利用好课后服务时间,对学生开展作业指导。实施作业公示及《作业管理记录本》,教导处每周检查记录本,不定期开展问卷调查,学段长及时了解学生、家长关于作业量的舆情,发现问题及时反馈学校。

为提高教师作业设计能力,在提升教师作业观念的同时,为教师提供有效的操作路径,制定了《上海市市光学校作业设计及管理细则》《市光学校学生作业检查(抽查)评价表》。提出"课时作业必须有,单元作业形式多,作业布置容量足,作业形式巧设置,作业评价重激励"的 35 字要求,落实每月一次的作业布置和批阅的"10"性。学校通过教学工作会议等形式进行反馈和表扬,也通过学生座谈、问卷星等形式了解学生作业情况。

赋能课堂,深化教学改革。学校制定了《主动顺应,思变创新——市光学校关于在上海市进一步推进高中阶段学校考试招生制度改革背景下加强初中建设的工作方案》,围绕中招改革实施意见,结合本校实际,加强学校课程建设与教学改革,协调推进三类课程,实施分学段、分学科的综合评价,将"全科""全考""全用"的政策落实到位,在全学科中,开展基于标准的教和学的研究,主动对应教、学、考、评等系列工作。完善语文、历史、道法统编教材和日常考核方案的实施,加强三类统编教材的落实落地,全面提升学校教育教学质量。

研究课堂,推进课堂转型。学校深入推进"创生智慧、凸显个性,提升教师课堂教学行为品质的实践研究"的"创智课堂"项目研究,在"优化课堂教学行为、促进师生共同发展"的教学实践研究中取得了初步的成效。通过"让学生想和说""让训练更有效""让教学时空延伸"的"三让"教学模式,结合学科"五彩课堂"实践研究,以单元教学设计及学习单设计为抓手,逐渐凸显"五彩课堂"为特色的市光学校"创智课堂"新样态。5 篇教师撰写的表现样例发表在杨浦区"创智课堂"项目组刊物。

制定标准,规范教学行为。教师通过制定"五彩课堂"教学质量监控标准,规范教师课堂教学行为,让教师在专家引领、同伴互助、自我反思等丰富的校本研修活动中内化课型标准,有效提升教师的五种能力,即深入解析教材能力、有效设计教学能力、驾驭课堂能力、多维教学评价能力、梳理总结能力。同时,学校通过课例研究活动,对"五彩课堂"的课型进行打磨,引领教师掌握"五彩课堂"标准,转变教学行为,提高课堂教学效率,提升课堂质量。

学校有完备的学业质量监控体系,通过每次教学工作会议,通报学业质量情况。学校制定了综合性学业质量调研的复习、考试及考务等要求,经常性分发到教研组内学习、部署和落实。学校有明确的质量分析规定,有教师个人教学质量分析、备课组长备课组分析、分学段质量分析会议和学校总体质量分析会议,共同保障教学质量。

3. 养育绽放光芒的"五彩品格"学生

着力拓展"五彩德育"路径。 聚焦班级育人、课程育人、活动育人、环境育人、合力育人五大教育路径,努力实现思想教育全员化、班级管理常规化、养成教育经常化、行为习惯规范化、组织活动实效化、教育内容序列化,以劳动教育、综合实践活动课程为突破,贯彻落实学生综合素质评价。学校课题《基于初中学生综合素质评价背景下九年一贯制学校社会实践课程开发的实践与研究》荣获第十九届上海市德育协会科研成果二等奖。

着力建设"五彩德育"课程。 通过主题教育课、少先队活动、社会实践活动、仪式教育、温馨教室评选、班级文化建设等途径,全学段实施具有系统性、连贯性、针对性和递进性的九年制学生道德素养教育——"五彩生命"德育课程,实践和完善"培养学生健康人格、助力学生个性发展"的教育目标。

着力抓好"五彩社团"建设。 建设不同种类的五彩社团,不断充实、完善一支"玩学合一、类型丰富"的社团队伍,为学有所好、学有所长的学生提供特色发展的学习条件。以学生为主体运作的组织、社团在不断加强、利用、消化和整合教育资源的基础上,实现了服务学校中心工作、促进学生个性发展、打造学校办学特色和扩大社会积极影响,发挥了其独具一格的作用和功能。

着力塑造"五彩品格"少年。 学校定期开展"劳动小达人""美德少年""文体之星""优秀集体"等评选活动。评选热爱劳动,自尊自强、传承文化、明礼诚信、正直勇敢、勤俭节约、孝亲敬老、勤学善思、热心公益、尊重自然、积极参与文体活动的学生和班级。通过班级、学段、学校层层评选，评定每学期或每年的优秀个人和集体，并宣传展示优秀个人和集体的优秀事迹，我校学生也在市区级比赛活动中获得多项荣誉。通过这样的评选，用榜样的力量引导广大学生记住要求、心有榜样、从小做起，让同学们学习身边的优秀同学，扣好人生第一粒扣子，践行社会主义核心价值观，激发学生成长自觉，体验成长中成功的愉悦，努力成为有知识、有品德、有作为的新一代建设者，以此打造市光学校德、智、体、美、劳五育发展的"五彩品格"少年。

养育"五彩品格"少年，强调对学生的尊重和信任，强调教育润物细无声的功力，强调学生的个性发展。也许九年之后从学校毕业的学生不都是五彩，也不都那么耀眼，可能其中三色强，另外两色弱，也可能呈现的是几种颜色中的间色，但是那又何妨。这就是学生的个性所在，这就是教育。

着力实施"全员导师制"。学校用"导师团"呵护学生心灵、促进学生健康发展，探索基于学校全员导师制的实施策略。"导师团"的合理架构，做到导师平均分配和强弱组合，实现了团队间的均衡导育；"导师团"的工作机制则明确界定了班主任和班级其他导师之间的职责范围，做到分工明确，责任到人；结合校情及导师现状，制定的"导师团"研训制度及学期研训方案，较好地提升了导师团队的合作精神与专业能力，促成"导师团"内导师之间的合作共育，初步显现了导师育人的成效，使"全员导师制"工作落地。"导师团"的建构顺应了学校实践"五彩教育"的探索之路，在实践中坚持把校本理念应用到全员导师制的学生管理中，与学校"五彩德育"相融合，形成了具有学校特色的"导师团"育人运行模式。

4. 塑造引领学生生长的"五彩素养"教师

搭建"五彩师训"研修平台。深入落实《关于全面深化新时代教师队伍建设改革的意见》等文件精神，着力加强"五彩素养"教师发展的"四个平台"建设，搭建"以课堂教学改进为重点的校本研修平台，以同伴互助为主要形态的联合教研平台，以教师梯队建设为抓手的专家引领平台，以基于教师解决教学中'真问题'的小课题探究平台"。建设和培育校级教学新秀、骨干教师、学科带头人、工作室主持人、区级骨干"五层级"教师人才梯队，形成教学改革团队。持续深入开展好见习、青年、骨干等教师发展共同体建设，尤其执行好"滴管"式指导带教。校本研修关注真实课堂，注重"五彩课堂"课研修实践。以教育综改项目研究实践为抓手，以课堂为落脚点，分层、分类、分梯队开展研修活动。通过教研组子课题加强教研组文化建设，提升团队凝聚力。

形成"五彩师训"运行范式。对照"有理想信念、有道德情操、有扎实学识、有仁爱之心"的"四有"好教师标准，加强师德师风师能建设，形成良好的教师专业成长机制。建构了"对象全员化、目标差异化、内容适宜化、方式多样化、评价个性化"为特征的"五彩师训"范式。以"师德高尚、业务精湛、勇于创新、敬业爱岗"为教师发展目标，注重学习型团队建设，以"全覆盖、全方位、全过程"为原则，通过"分类实施、分层推进、按需施训"的策略，持续推进全员教师研修、"青蓝工程"建设、见习期教师浸润式培训。多年来，学校邀请市教研室、市师资中心、区教育学院等资深专家、名校长、名师、学科专家、高校教授等30余位专家来校指导；开展"做一名智慧型教师""青年教师话成长"等交流活动40余次；开展青年教师"三笔字"基本功比赛展示9次；评选青年教师专项培训"优秀学员"50人次。学校在杨浦区"十三五"中期中小学、幼儿园校本研修工作评定中荣获"先进单位"称号。

完善骨干教师梯次成长机制。近年来，学校注重加强教师专业梯队建设，遵循教师成长规律，分类别、分重点推进教师专业水平提升，将新手型教师培养成胜任型教师，把胜任型教师培育为成熟型教师，使成熟型教师发展成骨干型教师，让骨干型教师成长为专家型教师,打造高素质专业化创新型的教师队伍,形成"严格考核,优胜劣汰,能进能出"的教师梯次成长和业绩评价动态管理机制。建立健全的校级教学新秀、校级骨干、校级学科带头人选拔、培养及管理制度,搭建"骨干课""骨干述学""师徒带教""集团流动"等示范平台,发挥辐射引领作用,综改项目参加率达100%,以任务促发展。在这一成长机制中,成长为区学科骨干2名,区骨干后备2名,区教育教学新秀3名,校级学科带头人6名、骨干11名、教学新秀10名。各级各类骨干教师有34人,占教师总数的31%。

有序持续推进"青蓝工程"。 学校注重青年教师成长,持续推进"青蓝工程"建设。以"任务单""模块化""多形式""新载体"等途径,开展青年教师专项培训,逐步推进、完善青年教师培训1.0向3.0课程的架构与内涵建设。规范化、浸润式开展见习教师培训,近三年完成14位见习教师培训,其中,杨伊云、魏琳芝在2019年杨浦区见习教师规范化培训基本功大赛中获三等奖。任倩倩在2020年此项比赛中表现突出,进入区备赛市级决赛15人大名单;荣获区"优秀学员"2人次,区"优秀带教"5人次。

优化五彩教师成长环境。 引导教师"堂堂正正养德,规规矩矩修身,兢兢业业教书,踏踏实实育人",形成专业化、学习型、发展型团队。以开展教师节庆祝活动为契机,开展各级各类的评优评先活动,广泛开展"学两代楷模、做'四有'教师"等师德教育活动,并参与上音集团、联盟校师德标兵、优秀党员评选表彰活动。党支部携手工会开展了"寻找最美的教师"系列活动,积极组织开展市光学校"最美教工"的评选,至今经历了三届。评选活动的开展,对弘扬正气,树立先进,培育和践行社会主义核心价值观起到了积极的推动作用。

5. 绘就多彩校园画卷的"五彩文化"

培育"五彩文化"品牌。 我们的"五彩教育"是我们在办学实践中不断探索思考的凝练，以表达我们对"培养什么人、怎样培养人、为谁培养人"的教育根本问题的理解以及办学的愿景与使命。全面落实学校"五彩文化"的培育，在学校的教育、教学和管理上进行探索和实践，推进各项工作。推进学校统领性课题"基于五育融合的校本'五彩教育'实施的行动研究"，形成"五彩教育"的基本框架与实践形态，为学校特色凸显奠定基础。

丰富"五彩文化"内涵。结合每月节庆及学生实践活动，学校以主题教育月的形式，上半学年倡导四"jing"（"敬""净""静""竞"）主题文化，下半学年注重四"yue"（"越""悦""阅""跃"）主题教育，培养学生良好的行为习惯，树立优良校风，形成特色校园文化。以校五彩生命课程年级目标为主题，每班每学年设计个性化班牌，确定班级文化建设关键词，创设特色化班级文化。充分利用多种宣传途径传播校园文化以及学生的良好风貌。通过校园公众号、门口及操场电子屏、小剧场、红领巾广播台、校园橱窗、黑板报、会说话的墙等媒介宣传先进理念、校园活动，表彰先进，以此丰富校园生活，点亮五彩校园。

提升"五彩文化"颜值。学校贯彻"各美其美，美人之美"的育人理念，进一步提升校园育人环境，加强校园文化建设，将美丽校园融入墙绘艺术，使原本"冷冰冰"的墙面瞬间灵动起来。美化校园，丰富了学生的传统文化知识，成为校园漫步必去"打卡"点。一花一世界，一墙一风景，实现"颜值""内涵"双提升，绘就校园新画卷。

营造"五彩文化"氛围。开展"二节一会"主题教育活动，全面提升学生艺体科综合素养。以文化活动为载体，通过开展艺术节、科技节、运动会，培养我校学生高雅品行，促使学生性格开朗活泼，营造活跃的校园文化氛围。近年来，市、区艺术节单项与团体项目比赛获奖116项；市、区各类体育竞赛也捷报频传，共获奖195项；小学部创新实验室已建成，中学部创新实验室二期正式启动；学校现有全方位和区少科站九大社团联盟体对接的 9 个科技社团,学校科技社团团体获得国家级奖项 2 次,市级奖项 5 次,区级奖项 23 次;学生个人获得国家级奖项 14 次,市级奖项 22 次,区级奖项 70 次;教师获国家级奖项 2 次,市级奖项 7 次,区级奖项 2 次,截至 2023 年 12 月底合计近千次。学校是杨浦区艺术特色项目(合唱)及体育传统特色项目(柔术)学校、杨浦区科技教育特色学校。

四、浸润"五彩教育"硕果累累

1."五彩教育"在实践中扩充了办学生态内涵

五彩教育是在学校办学愿景、办学目标和管理理念引导下,在学校团队的思考和行动中形成的。五彩教育同时也是人本主义教育理念指引下的行动指南,人本主义理论倡导充分尊重学生的个性,促进每个生命丰富多彩地发展,解放孩子天性,根据不同性格特征的孩子,提供优质发展的平台。

世界上没有两片完全相同的叶子。生命是多彩的,教育是多元的,每个学生都是一个独立的生命个体,生命个体间的各个方面都充满着差异。市光学校的五彩教育就是本着这样的理念,调动校内外多方资源,为师生身心健康协调发展提供了一个良好的教育生态系统。在五彩教育的生态系统中,学生能够体验到校园生活的愉悦,能够感悟到童年生活的美好,能够通过自身的努力体验到成长的快乐。同时,"五彩教育"尊重每一位教师的选择,为教师提供最佳的发展机会,引导教师通过自身不断地努力,找到展示自己的舞台,体验到事业的幸福感与成就感。

因此,我校的"五彩教育"是以师生为本的教育,是面向全体的教育,是尊重差异的教育,是丰富多彩的教育,是快乐成长的教育,是受教育者在原有的基础上不断发展的教育。五彩教育是我们学校教育的起点和归宿。学校用"五彩教育"润养学生心灵,通过形成"五彩教育课程体系",培养学生的朝气与活力、热爱与自信、尊重与珍惜、成长与创新、平和与理性,打造"倾听、悦读、慧言、会做、合作"的"五彩课堂",建设"五彩教育"学校品牌,实现"质量稳定、特色凸显、内涵丰富、发展和谐"的办学目标。

近年来,学校获得了首批上海市依法治校示范校、上海市安全文明校园、上海市行为规范示范校、上海市少先队红旗大队、上海市农村义务教育学校委托管理工作先进单位、上海市妇女之家星级示范点、殷行街道先进基层服务型党组织等称号。学校还是杨浦区文明单位、区新优质学校、区"生态教育"实验校和"人文行走"基地校、杨浦区艺术特色项目(合唱)及体育传统特色项目(柔术)学校、杨浦区科技教育特色学校。自 2017 年以来学校共获得国际、国家、市、区各级各类集体奖项 209 项,教师 152 项,学生 683 项,共计 1044 项。

2. "五彩课程"在建设中达成了学校优质课程区域辐射

学校"五彩课程"把学生的德、智、体、美、劳融为一体。从德育和教学两条线路出发,即"五彩德育课程"和"五彩教学课程"。"五彩德育课程"以德育活动为主,重在对学生进行德育实践活动教育。学校将"五彩德育"贯穿于学校德育工作的主线,以"五彩德育"作为德育工作的常规课程。

经教师自主申报、学校审核、专家评审,"版画""魅力光影"2 门拓展型课程获评"区域共享课程",曾在集团内进行校际交流授课,获得好评。柔道社团成立十多年来,除了校内常驻教练,还会不定期从校外聘请教练为社团提供技术指导,保证社团专业性,曾在全国柔道锦标赛和摔跤比赛中获得前八名的好成绩。天文气象社是杨浦区少科站天文联盟体共建社团之一。

3. "五彩课堂"在营造中促进了学校课堂文化转型

2017 年 9 月加入"杨浦区提升中小学(幼儿园)课程领导力行动研究"项目,开展"培育学生学习核心素养的'五彩课堂'实践研究",以课程文本为载体,以课例研究为抓手,在基础型课程中融合多种教学模式,在学习态度、学习习惯、学习方法、学习能力、学习品质等方面培养学生。经历多年的实践研究,师生共建"五彩课堂"文化,重塑课程领导力校本理解,诞生了形象化的"五彩课堂"LOGO,探索出了一条让学校顶层理念成为教师文化共识并落实到教育教学行为中的可视化路径,在 2018 年杨浦区"提升中小学(幼儿园)课程领导力行动研究"课程文本评选中荣获三等奖,2019 年杨浦区"提升中小学(幼儿园)课程领导力行动研究"项目聚焦课堂文化转型的课例评选中荣获三等奖。学校对内对外开展教学展示、研讨交流近 40 次,其中市区校级公开课、比赛课达 80 余节,校本化学科单元教学设计 120 余件,优秀课例 32 篇。"五彩课堂"多次作为学校教学的新名片对外展示交流,比如接待外省市校长培训班、教育代表团,校本研修先进单位的评估等。

基础型课程校本化实施项目"学科单元教学中'五彩课堂'学习单的应用研究"依托课程领导力项目,以学校科研总课题"九年一贯制学校培育学生学习素养的实践研究"为支撑,通过对课程的校本化工具研究,形成具有我校特色的"五彩课堂"学科单元教学资源的积累。近年来,学校围绕"善思乐学、和而不同"等教学主题,在"骨干课""再造课"等 7 类课中,落实项目研究的实践载体,确立试点学科的学习单模式、校本化学习单的设计与应用,学习单设计从基础走向深入。项目研究已取得的阶段收获有:学习单资源共计 100 余份。2018、2019 连续两年参与项目组区域教学展示,语文、数学和英语学科代表展现项目组在"五彩课堂"中对学科核心素养和"学习单"的实践研究,凸显近期研究重点"校本化的单元教学设计"成果。

4."五彩师训"在探索中激活了团队成长内驱力

学校以"五彩师训"拓展校本研修的内涵,让"五彩研修"成为师生成长发展的途径。注重培育教师"育德能力",强化师德师风建设;注重培养教师"反思能力",促进教师专业成长;注重提升教师"课堂能力",持续提高教学质量;注重培养教师"学习能力",提高教师的育人智慧;注重挖掘教师"潜在能力",为学校优质发展积蓄力量。与此同时,学校以"微课""慕课""翻转课堂"等信息化推广为契机,帮助教师根据自身特点,形成个性化教学,打造优质特色课堂,并根据不同课堂特点,探索出一套科学的课堂评价标准和评价方法,形成学校五彩课堂教学样式。

学校重视后备干部培养。推荐校级后备干部参加局党委举办的中青班干部培训,做好校中层干部队伍的梯队建设。学校实行优秀青年教师部门轮岗制,有计划、有步骤地对轮岗的中层后备干部进行考察,积极支持优秀青年中层干部参与外出轮岗锻炼。近年来,推荐徐燕萍、钱淑君为校级后备干部人选,提拔青年轮岗干部徐燕萍、黄晓雨、金懿慰为中层干部,继续选调青年教师到学校教学部、德育部轮岗历练,接受组织的考察和选拔,为学校中层干部的培养和选拔做好准备。

5. "五彩文化"在治理中形成了九年贯通的校本经验

学校坚持依法办学,切实加强政风行风建设,确保国家、市区教育法规、政策的落实,围绕三年规划推进相关工作,内涵建设有成效,规划达成度高;学校制定办学章程,修订了《上海市市光学校治理制度汇编》,并不断健全各项规章制度,形成内容完备、运转有效的管理机制。通过建立学段式管理模式,思考探索打通小初界限,推进九年一贯制一体化办学,实行学校扁平式管理:纵向上由校长室——部门负责人——学段长+教研组长——教师实施管理;横向上由学段长+备课组长根据学段质量目标实施加固管理,形成职责明确、协调顺畅的岗位体系;形成纵向衔接、横向贯通的工作流程。

市光学校九年贯通办学实践,积累了可借鉴的管理经验,依托流动结对平台,充分发挥辐射引领作用。通过对口支援、城乡托管、集团校内流动等多样化工作实施,激活教师成长内驱力,积极为教师专业发展创设条件,分别为安徽省挂职锻炼校长提供一个月管理工作跟岗学习;与贵州省遵义市湄潭县大芦学校、正安县第四中学建立东西部教育合作协作结对帮扶;与宝山区鹿鸣学校合作开展托管工作,建立管理团队;与学科骨干教师、班主任骨干教师进行结对交流,搭建优秀教师示范引领辐射的平台。

当下,"五彩教育"已成为凝聚和激励市光学校全体师生的重要精神力量,是学校发展的强大内驱力,它的内涵和外延不断深化,形成了五彩校园文化相融相生的体系,浸润着每位师生的心田,促进学校走向全场域高品质发展之路。

五、关于本书的一些想法

全书的内容框架采用了"1 前言 + 6 章"的编写结构。

本书前言,以"每一个生命的颜色都是不一样的"为题,阐述了"五彩教育"的哲学定位和办学思想的缘由,细说了"五彩教育"的内涵要义,描述了"五彩教育"校本实践的过程,概述了"五彩教育"获得的探索成效。

第一章——在"五彩文化"上着笔。校园文化是学校的生命和灵魂,对文化的传承与创新是学校的使命。立足校史传承让学校文化有根,坚持思想引领让学校发展有魂,抓好环境建设让校园生态有形,着眼主题实践,让五彩文化有情。多年来确立的以"五彩"为内核的校园文化,坚持以"五彩文化"为主导,着力把学校办成师生共成长的多彩校园,形成清晰的学校发展路径,用文化建设打通学校承前启后的通道,用文化建设促进办学理念和教育行为的反思,用"五彩教育"思想引领全体师生明确成长目标,有效激活了办学活力,有力推进了学校的多元发展、多彩发展、多样发展。

第二章——在"五彩德育"路向上着意。热烈的红、浩瀚的蓝、高雅的橙、希望的绿、灿烂的金,对应着德、智、体、美、劳"五育并举",每一种美好的色彩都成为照亮学生生命之光的源泉,体现着学校搭建五育融合育人体系的架构。用五彩德育课程滋养每一位学生的心灵,用全员导师制点亮每一个学生的心灯,用心理辅导护航学生健康快乐成长,用劳动教育擦亮学生的成长底色,用家校共育绘就学生成长的"同心圆"。在"五彩教育"的引领下,学校不断探索思路、重塑品牌、创新载体,给每一个学生"无差别的爱",引导学生"扣好人生第一粒扣子",向下扎根,向上成长。这就是我校用"五彩德育"滋养五彩品格学生的样本做法。

第三章——在"五彩课程"建设上着手。课程是学校一切教育教学活动的总和,是学生全部的校园生活。让课程理念贴近学生的心灵需求,课程目标体现核心素养培育,让课程更好地链接生活、链接活动、链接管理以及一切可能的要素,让学校课程纵横交错,能够真正"落地",这是课程变革的关键手法。丰富的课程有利于学生的人格丰满,这是一个课程常识。如果把课程视为书本,学生可能会成为书呆子,如果把课程视为整个世界,学生就会拥有驾驭世界的力量。这是在课程变革中反复提炼出来的鲜活经验。

第四章——在"五彩课堂"塑造上着力。课堂是学校教学诸多链条上最重要的环节,是落实立德树人根本任务的主渠道。课堂教学的转型变革需要确立课堂的教育学立场,凸显课中"人"的因素,拓展课堂的"育人"价值,更需要探究体现新质的教学新形态。"五彩课堂"关注学科素养、学习乐趣、问题思辨、实践体验、学习效果等要素,这些要素的单向或融合发力助推课堂从"浅层思维"走向"深度学习",为课堂教学改革找到切入点。"五彩课堂"以教学主张为载体,以课例为"通行证",使不同学段、不同学科的研究找到共同点,形成"贯通一致、节点多元"的运行图谱。

第五章——在"五彩教师"培育上着色。建立课堂精进团,提炼高质量教学模式;建立学习共同体,塑造高品质研学形态;建立教研联合体,建构高智慧研修样式;建立科研先锋队,打造高实效研究群体;建立思想会客厅,探索高成长价值范式。对照"有理想信念、有道德情操、有扎实学识、有仁爱之心"的"四有"好教师标准,着力加强师德、师风、师能建设,遵循教师成长规律,优化和完善教师发展平台,形成良好的教师专业成长机制,引导教师"堂堂正正养德,规规矩矩修身,兢兢业业教书,踏踏实实育人",形成专业化、学习型、发展性团队。这就是我多年来培育"好教师"的有效做法。

第六章——在"多彩管理"品质上着墨。一所优质的学校,必须有一支优秀的团队,尤其是有一支优秀的管理团队,形成一个紧密互信的共同体。学校管理的重点在"人",管好学校实现高质量发展,着力落实抓党建核心,树党员先锋示范作用,抓班子建设,形成纵横协调联动工作机制。努力践行教育改革,创新学校管理方式,基于优质发展实施管理样态的优化与完善,探索实施以人为本、成长为先、实效为真、合作为要、素养为重的管理新样本。各美其美、美人之美、美美与共,让教师成长、让学生成才、让学校发展,让每个人都成为最好的自己,不断提升学校品质发展,把学校建成为师生共同成长的五彩家园。

全书每个章节前的引语,是我站在当下新起点上的回眸与思索,可以看作是"正剧"的序曲,是我的直抒己见和真情实感的流露。经过 10 年凝心聚力地着墨"五彩"和精耕细作,市光学校已成为一个草长莺飞、姹紫嫣红的百花园,为每一个身在其中的孩子摘得最喜欢、最需要的花朵,为他们创设美好的生长生态环境,让每一个生命愉悦舒展、精彩绽放。

第一章

在「五彩文化」上着笔

学校文化是学校的生命和灵魂,对文化的传承与创新是学校的使命。多年来确立的以"五彩"为内核的校园文化,坚持以"五彩文化"为主导,着力把学校办成师生共成长的多彩校园,形成了良好的校风、教风和学风,形成了清晰的学校发展路径。用"五彩教育"思想引领全体师生明确成长目标,有效激活了办学活力,有力推进了学校的内涵发展。

学校是一个生态系统,校园文化充盈在整个系统之中,与整个系统融为一体。学校文化是学校的一种传统、风气和氛围,是一种行事的准则,虽然无声无息,却能对每一个置身其中的学生和教师产生深远影响,塑造着人的思维方式、人生观和价值观。学校文化对师生的影响远非一位校长或教师个体所能比拟的。在学校文化建设中,由使命、愿景、价值观、育人目标和办学目标等组成的办学理念体系固然重要,但管理、环境、课程、教学、教师和学生等实践体系的要素,需要学校教育者持续行动。我在实践中,以办学思想指导工作实践,用实践探索、检验和完善学校文化理念。

在反思实践中确立学校的使命愿景。我在市光学校任职十年来,时常会思考三个问题:为什么办学校,办怎样的学校和如何办好这所学校。这既是办好学校的底层逻辑,也是学校文化建设的基础与根本。我从现实出发,思考教育的实际现状,找到问题的根源,结合立德树人的根本使命和五育融合的教育方针,改进和确立学校的使命、愿景。对教育现实的审辨思考是确立学校使命与愿景的重要前提。

在回应现实中形成学校的发展目标。在学校文化建设的过程中,主动回应社会现实的需求,明确学校的发展目标、教师发展目标、学生成长目标。从师生的全面发展、充分发展、可持续发展的角度,提出明确的目标概念,将学生发展目标细化为具体的核心素养,以更加通俗易懂的语言描绘出学生的成长画像,从不同的维度描摹出学生发展的具体化指标,以此指导学校全体教师的育人实践。在育人目标和办学愿景的指引下,进一步提出学校的办学目标。

在行动落实中厘清学校的发展思路。明确学校哲学定位和办学理念是学校文化建设的关键要素。行动落实始终是学校文化建设中最重要的环节,在学校价值共识的引领下,围绕管理改进、课程改革、教学实践、环境改造、教师发展和学生成长等维度,制定具体可行的学校发展规划方案,分别以学年、学期不同的时长与周期,确定工作计划与学校行事日历,同时明确规定具体的负责人和评估指标。在行动的过程中,管理团队不断审视工作实践、工作方式和实际成果是否符合学校的价值追求。既防止行动中的价值异化,也对核心价值不断地重新审视。在阶段性行动之后,学校全体成员对照发展规划中的具体目标,进行全面系统的评估,反思工作指标是否达成。以过程反思行动,以真实的教育实践回答学校的办学思想,用实际的工作行动检验学校文化建设的目标是否达成。

在实践探索中建设学校的校园文化。形成以学生为中心、以学生的健康发展和终身幸福为本的文化价值共识。学校的制度文化、课程文化、课堂文化、教师文化、环境文化、精神文化等,需要时间的累积、经验的沉淀,需要师生在日常教学活动中逐步构建和夯实。学校文化建设通过实践推进,在重构内部结构中让组织运转顺利流畅,在重建学校管理制度中让五育融合规范有序,在重塑学校发展机制优化中让校园成为师生共同成长的多彩世界。

第一节　校史传承:让学校文化"有根"

校史传承一直以润物无声的方式发挥校园文化育人作用,校史传承是对学校发展轨迹的真实记录,是学校建立发展和变迁的过程,是学校文化的重要组成部分,更是所在地域历史文化的集中呈现。校史传承记载着学校创建、发展、壮大的历程,是学校办学特色和学校精神的重要体现,对学校的发展有重要意义。

校园文化是"有根"的文化,扎根于学校所在地域的自然、人文、历史等相关的土壤,并与学校办学历史一脉相传。校园文化体现着学校的治学理念、精神面貌和办学特色,是以学校物质条件为基础的载体文化和以人文中心的精神文化的统一。加强校园文化建设是全面实施素质教育的重要内容,是实现教育现代化的必然要求,是进一步提高学校管理水平,为学生的健康成长创造良好学习环境的有效措施。学校文化是学校特色发展的基础,学校特色是学校传统的重要组成部分,因此,在学校特色建设中要求学校文化建设关注学校的历史传统,注重学校的文化积累,并回到学校的历史文化中重新发现和解读学校的文化资源,重构学校的特色办学理念,使之符合时代精神和教育改革与发展的要求。

直面深刻变化着的新的社会生态。文化创新不但是现代学校发展的必由之路,更是承载了过多文化积淀的学校变革的必由之路。学校不可能割裂历史而凭空建立新的文化,学校的现代化绝不意味着"去传统化",它从根本上说乃是学校历史进程中内在的、自我的发展要求。学校文化建设在守正的基础上创新,一张蓝图绘到底,一以贯之抓落实,一步一个脚印地把美丽愿景变为美好现实。我们在充分调研的基础上,基于对区域文化的尊重与融合,对办学传统的发扬与继承,确立并着力培育具有市光特色的五彩文化。

一、追溯校史文脉,提炼学校文化

上海市市光学校前身是上海市柴油机厂职工子弟学校。1982 年成立上海市殷行中学。1996年撤销殷行中学,组建上海市市光第三中学。1997年4月建立市光中小学,2001年5月更名为上海市市光学校,成为杨浦区一所一校两址的九年一贯制公办学校。"人民教育家"于漪老师为学校亲笔书写校名。目前,学校占地面积约18236平方米,教职员工118人,小学15个班,中学18个班,学生1300余人。

早在2000年市光学校就率先开展了小班化教学实验,先后完成两轮小班化教学研究。我主编的《教师在小班课堂成长——小班化教学背景下教师课堂成长的实践研究》荣获上海市基础教育成果二等奖。我们在总结学校办学经验的基础上,基于促进学校优质发展的研判,基于让每个学生梦想都拥有亮丽色彩的思考,提出了"五彩教育"的办学思想。2020年接受了杨浦区人民政府教育督导室对市光学校办学综合督导,办学成果获得市区领导和专家的一致认可。

多年来,学校借"光"出"彩",着力办一所家门口的好学校,为杨浦区教育增添光彩。学校提出的"五彩教育"是一种文化追求,是一种以"五彩"为主要价值取向的文化。全体师生深受"五彩"文化的熏陶与感染。市光学校经过历代教育工作者不懈的探索与努力,各项事业全面推进,展现出良好的发展前景,"五彩"文化已成为市光学校的主流文化。市光学校围绕"五彩教育",形成了以"五彩"为核心的校园文化氛围。我在提炼学校文化中做到"四个注重":

注重学校文化定位。一是自我诊断。在学校五彩文化建设中,我注重梳理学校的历史文脉,分析学校的现实状况,展望学校的未来愿景,审视学校的优势和劣势,在学校的历史、现实和未来这三者之间找到着力点和平衡点。二是合理定位。没有科学、明确的定位,学校文化建设必然是盲目的,学校文化的发展方向必然是模糊的,而有了科学、明确的定位,学校文化建设就有章可循,学校文化的发展就方向明晰。三是总体规划。市光学校文化建设立足长远,进行总体规划。学校文化建设方案拟订后,广泛征求学校师生的意见,邀请教育、文化领域的专家进行论证,并提交学校教职工代表大会审议通过。四是分步实施。市光学校文化建设根据学校实际,按照总体规划设计方案分步组织实施,避免随心所欲。

注重学校文化内涵。学校文化最重要的特征是教育性,学校文化的本质是以"文"化"人",学校五彩文化建设关键是在学校文化的内涵上下功夫,在文化育人的实效性上做文章。学校的物态文化、精神文化、课程文化、环境文化建设,从学校实际出发,遵循基本的原则,因地制宜,以丰富自身的文化内涵和教育意蕴,体现学校的历史和特色。

注重学校文化特色。学校文化是基于学校的特色,是独属于自己的文化,特色是学校文化的生命。学校五彩文化建设注重在教育共性中彰显学校个性,彰显学校的办学特色,彰显学校文化的特色。学校在文化环境建设过程中,必须有属于本校的个性特征,它是学校文化可辨识性的体现,也体现着学校文化的独特魅力和品位。

注重学校文化认同。学校文化建设是一个不断实践、不断内生的过程,是一个渐进的过程,是一个日积月累、持之以恒的过程。我在学校文化建设中注重发挥师生的主体作用,以"立德树人"为导向,把办学理念、校训、校风、教风、学风的提炼和解读,以及学校文化建设方案的设计融入学校文化建设中。让学校文化被广大师生所认同,经得起时间的检验。

二、重构价值观念,凝练文化育人特色

我带领师生积极开展"五彩教育"特色文化建设,以校园生活为载体,打造人文环境,开发五彩课程,创新实践活动,在师生协力中实施校园文化建设,凝练学

校文化育人特色。

坚持高品位突出教育性。校园文化建设的出发点和落脚点在于促进师生全面、和谐发展,培养适用于社会主义建设的优秀人才,所以,以校园环境为载体的静态校园文化,通过精心设计和布置,使校园的每一块墙壁、每一个角落、每一处空地都具有教育作用。整个校园和谐统一,布置物的制作讲究艺术性,达到简洁、美观、高雅、大方、催人奋进的作用。

坚持师生参与,突出主体性。校长是校园文化建设的培植者、引领者。教师和学生是校园文化建设的主体。在校园文化建设中注重充分发挥师生员工在校园文化建设中的主体作用,充分调动其主观能动性和创造性,努力形成全员参与、群策群力、齐抓共建的良好氛围,让师生在参与中建设,在建设中受到熏陶和教育。

坚持因校制宜,突出特色性。在学校文化建设中,坚持科学规划,突出重点,分层推进,量力而行,紧密结合学校实际和师生思想实际,能建设的立即行动起来,短期见效。暂时不能建设的做出规划,分步实施。校园文化建设活动凸显学校的办学理念、发展目标和办学特色,更秉承学校的风格,弘扬其特点。

三、基于学校生态,确定学校文化内涵

市光学校校园文化充分体现高雅、特色、和谐,做到硬化、净化、绿化、美化、亮化,凸显文化品位,实现每一寸土地都有管理的痕迹,每一处角落都有育人的功能。我们确定的五彩文化建设主要包括精神文化建设、物态文化建设、制度文化建设、课程教学文化建设、活动文化建设、班级文化建设等内容。由此形成校本特色鲜明的以"五彩"为主题的,以培养具有追求五彩梦想为价值引领的学校文化

体系。

精神文化引领。我们以"五彩教育"为引领,全面推进素质教育,努力培养一代具有"五彩品格"的小公民;打造一支师德高尚、业务精湛、充满活力的具有"五彩素养"的教师队伍;建设一所具有区域特色的现代化九年一贯制的标志性学校。

环境文化浸润。"一言一行持五彩情理,一草一木含五彩情趣"我们让每一面墙壁、每一棵树木、每一块石头都镌刻上市光学校文化的烙印,都成为老师们的教育资源和孩子们的学习资源。

制度文化保障。制度文化作为校园文化的内在机制,是维持学校正常秩序必不可少的保障系统。"无规矩不成方圆",只有建立起完整的规章制度,规范了师生的行为,才有可能建立起良好的校风,才能保证学校各项工作的顺利开展。在制度建设中做到"大家的制度大家定,大家的制度为大家",努力营造"人人定制度,制度管人人"的和谐制度建设的新局面。

课程文化践行。课程让学生得到解放,课程让学生敢于交流,课程让学生学会合作,课程让学生尊重生命,课程让学生懂得生活,课程让学生创造快乐,课程让学生绽放生命光芒。

活动文化延伸。优质的资源让学生有好的学习空间;多元化的活动让学生有更多的兴趣选择;多层次的平台让学生有更好的展示机会;丰硕的成果让学生有更大的参与热情。

班级文化赋能。班级是学校的基本组成部分,良好的班级文化氛围对学生的学习和发展起到积极的推动作用。为此,学校为各班统一设计了警句、卫生洁具橱和书柜,以培养学生讲卫生、爱读书的好习惯。同时,学校将要求各班结合学校特色工作去设立班务栏、争星榜、诗文背诵、阅读积累榜等,各班还应利用宣传板报进行各具特色的班级文化设计。

【我的手记】学校校标解读

整个标志主体由三朵上海市市花白玉兰构成。花与叶的造型是汉字"光"的艺术化。两者结合组成了学校的校名。鲜艳盛开的白玉兰也象征着学校全体教职员工通过辛勤工作、教书育人,培养学生德智体美劳全面发展,为师生的共同成长而努力。

【我的手记】学校校歌解读

校歌是凝聚我校人心和激励师生勇敢追求的精神旗帜。歌词围绕办学宗旨、校园环境、教风、学风进行编辑,简洁大气,曲调流畅舒展。每周升旗仪式后全校都要高唱校歌,每年都要举行校歌合唱比赛,让校歌经常飘荡在校园内。校歌在激励师生团结奋进、开拓创新等方面具有不可替代的作用。

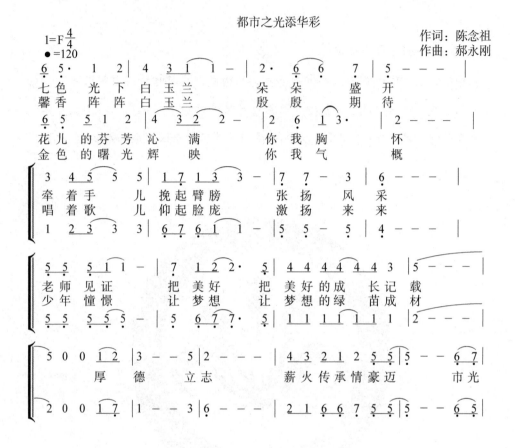

都市之光添华彩

作词：陈念祖
作曲：郝永刚

第二节　思想引领：让学校发展"有魂"

陶行知说"校长是一个学校的灵魂"，校长是教育思想的传播者、实践者和领导者，是学校创新发展的关键，是学校牵一发而动全身的命脉，其一言一行关乎着学校兴衰。"五彩教育"办学思想是学校文化的核心，也是校园文化的灵魂。"有魂"的校园文化,方可凝聚人心,产生共鸣,从而引领全体师生形成正确的价值观,朝着同一个目标奋进。

十年间,我坚持以"五彩文化"为主导,引领全校师生对"五彩教育"的认识不断升华,"五彩教育"深入人心,并聚合成共同愿景。围绕"五彩教育",提出了"让学校成为师生共成长的多彩乐园"的办学愿景,已成为全体师生的共同价值追求。"五彩教育"思想增强了学校加快发展的责任感和紧迫感,完善了发展思路,创新了发展举措,改变了师生行走方式。凝心聚力把学校办成师生共成长的多彩校园,形成了良好的校风、教风和学风,形成了清晰的学校发展路径,用"五彩教育"思想引领全体师生明确成长目标,用"五彩教育"引领学校多彩发展、品位发展、特色发展、优质发展。

我始终坚持用"五彩教育"思想引领学校优质均衡发展,呈现出"五彩"校园特色鲜明,五育融合持续发力,师生五个品质提升明显,五个育人生态初步形成,五个办学领域统整的校本元素凸显,学校特色建设获得阶段成效,办学综合指标进入全区同类学校中靠前位置的大好趋势。学校成为以"五彩教育"为办学特色的新优质学校。

一、着墨五育融合下的"五彩"样式

办学理念是学校文化发展的持久动力与源泉,是学校文化体系的核心及重要的支撑。我校在"五育并举"视域下,进一步更新教育理念,端正办学方向,优化育人方式,提高教育质量,明确了"五彩"教育的哲学和办学思想。这一理念得到全体师生广泛认同,同时围绕"五彩教育"进行整体文化要素的建构与设计,梳理并提炼了一个既继承学校传统,又包含学校文化积淀,还符合学校发展方向的学校文化理念体系。

五彩源于"五色",是源于生命,遵循人之本源。遵循以人为本,尊重个人底色,尊重每一个生命的不同色彩,是"五彩教育"的灵魂。尊重差异,尊重生命,尊重每一个生命的不同色彩,尊重每个生命个体的选择,培养学生自己做选择的能力是"五彩教育"的核心价值取向。

五彩教育办学思想是有着扎实的理论渊源及教育实践基石的。"五彩"不仅指色彩的多样,还立足教育以人为本的宗旨,发挥教育的育人效能。在学校层面上,努力构建适宜学生成长的课程体系,为学生提供多样化的可选择的"五彩"课程谱系;在个体层面上,努力构建"心灵相通,五彩趣学"的课堂文化,实现师生知识的对接,情感的交融。通过五彩素养教师丰富多彩的教育教学样式,培育五彩品格的少年。

国旗红——大爱品德(仁义孝敬、善良正气、民主平等、珍重生命)

星空蓝——睿智头脑(善于学习、独立思考、探究创新、视野开阔)

阳光橙——强健体魄(强身健体、讲究卫生、情感积极、个性健全)

筠清绿——高雅心灵(追求真善、举止大方、言谈得体、情趣高雅)

稻谷金——勤劳双手(崇尚劳动、注重实践、吃苦耐劳、勤俭朴实)

我们确立了"五育并举明方向,五彩教育培素养"的思路,始终坚持把落实"五育并举",实施"五彩教育"作为落实党的教育方针,作为立德树人奠基未来、办好人民满意教育的重要抓手,以"五育并举"促进学生全面健康成长,用"五彩教育"推动建立良好的教育生态。全面发展学生核心素养,为社会发展提供坚强教育支撑和人才支撑。坚守让学生科学健康成长的教育本真,落实德、智、体、美、劳全面发展,做到成长标准有规律可循,构建人人出彩教育格局,为每一名学生提供适合自身特点的教育,不断满足社会对多元化、高质量教育的新期待。

多年来，积极实践探索，实现了教育目标清晰化、教学分工精细化、校园生活课程化。在实施"五彩教育"实践探索中，将德育寓于日常，让智育融入生活，使体育阳光多彩，用美育滋润童心，促劳育熔铸品格，为学生的全面发展拓宽了空间和视野。

【我的手记】形成学校文化灵魂的四个策略

提升学校的文化融合力。首先要理清思路，明确目标。根据学校的办学条件、人文历史、社会背景、发展现状、师资水平、学生特点等提出学校文化建设的指导思想和基本要求，确立"文化立校"的办学思想和发展理念。其次要在日常工作中长期贯彻四个策略：一是"体仁"（体仁，足以长人），即建设"宽松、宽容、宽厚"的校园氛围；二是"嘉会"（嘉会，足以合礼），即坚持"公平、公正、公开"的治校原则；三是"利物"（利物，足以和义），即营造"师生亲和、处事平和、政通人和"的人际关系；四是"贞固"（贞固，足以干事），即倡导"讲诚信之话、干实在之事、做谦逊之人"的工作作风。最后要进一步整合优化学校制度、物质文化，不断提升学校文化融合力，形成学校核心竞争力。

二、培育校园精神下的"三风"样态

校园精神是校园文化的核心，是学校的灵魂，是育人目标的高度概括。校园精神不但是对学校传统的继承和发展，而且还应是时代精神的集中体现，表现为师生共同的价值取向、行为方式和工作目标，突出表现在校风、教风和学风上。

着力建设学校良好的校风。校风体现着一个学校的优良传统、精神风貌。注重总结提炼本校优良传统，紧密结合学校主题活动的开展，通过各种形式的载体活动弘扬中华民族优秀历史文化传统,努力营造"厚德立志,博学强身"的校风。通过校风建设增强凝聚力和向心力。

努力营造教师优良的教风。教风是教师在长期教育实践活动中形成的教育教学的特点、作风和风格,是教师道德品质、文化知识水平、教育理论、技能等素质的综合表现。帮助教师树立正确的教育观、人才观、质量观,逐步形成"厚生乐教,博学严谨"为核心的师德规范和良好教风。教师对学生身心发展和社会未来高度负责,应严谨治教,为人师表,成为学生的良师益友,赢得学生的普遍尊敬。学校一方面使教师投身于教育研究和教育改革之中,促进教师之间更多的合作;另一方面把教师列入学习者的行列,使教师认识到既有教的义务,又有自我学习的责任,把学校当作是自己和学生共同学习的场所,积极鼓励教师参加学历进修、岗位培训,参与形式多样的主题学习活动,以提高教师的理论修养和业务水平。

着力培养学生良好的学风。学风是指学生在集体学习过程中表现出来的治学态度和方法,是学生在长期学习过程中形成的学习习惯、生活习惯、卫生习惯、行为习惯等方面的表现。教育学生树立远大的理想,并努力学好本领。严格要求学生,使其养成良好的学习习惯。逐步形成"尊师善学,贵道笃志"的优良学风。

三、浸润核心素养下的"多样"生态

作为一所九年一贯制公办学校,不选择生源,学生成长差异明显。学校既要按照党的教育方针全面培育、促进共性发展,又要尊重差异满足学生个性成长的需要,这就要求学校实施包容多样的适性教育。"五彩教育"遵循调和持中的文化精神,践行现代教育价值观,实现全体学生全面和谐发展、个性特长发展、生动活泼发展、有差异发展。

学校秉持服务为本、以人为本的管理意识，全面浸润"五彩教育"，使人人成就更好的自己。一是树立师生的目标感、获得感和成就感，确定团队发展、梯队发展的培养机制，形成校内外人员全面参与的层层推进的良好发展态势。二是建立师生精细化和人文化兼顾的成长机制，在加强品德修养上下功夫，教育引导学生学习和践行社会主义核心价值观，踏踏实实修好品德，勤勤恳恳学好本领。在增长见识上下功夫，教育引导学生珍惜学习时光，心无旁骛求知问学，增长见识，丰富学识，沿着求真理、悟道理、明事理的方向前进。三是建立避免结论性的激励评价机制和创建有利于师生发展的良好氛围，充分发挥教师主导作用，引导教师深入理解学科特点、知识结构、思想方法，科学把握学生认知规律，结合我校学生实际，不断创新教学方式方法，把教学的立足点、课堂的支撑点放在学生核心素养的形成上，构建高效课堂，以学定教提质增效。

在"五彩教育"思想引领下，学校获得了首批上海市依法治校示范校、上海市安全文明校园、上海市行为规范示范校、上海市少先队红旗大队、上海市农村义务教育学校委托管理工作先进单位、上海市妇女之家星级示范点等称号。学校还是杨浦区文明单位、区新优质学校、区"生态教育"实验校和"人文行走"基地校、杨浦区艺术特色项目（合唱）及体育传统特色项目（柔术）学校、杨浦区科技教育特色学校等。

第三节 环境建设：让校园生态"有形"

苏霍姆林斯基说过："我们的教育应当使每一堵墙都说话。"物质文化建设是校园文化建设的重要组成部分，健康优美的校园环境就像是一部立体的、多彩的，富有吸引力的教科书，它有利于陶冶学生的情操，美化学生的心灵，激发学生的灵感，启迪学生的智慧，也有利于学生素质的提高。所以在校园环境建设上，我们打破常规的一成不变的静止模式，赋予它丰富的生命力，在师生熟知的领域内挖掘出新的教育资源，为学生的发展提供更为宽阔的空间，使学校每一个角落都成为学生进行学习探究的场所。

市光学校校园环境建设包括布局规划，校园建筑，校园活动场所的绿化、净化、美化、硬化和所有教学设施设备等诸多方面。

一、营造健康优美的校园文化环境

我们学校环境建设注重提高文化品味，科学规划，合理布局，在规范化、标准化建设的基础上，形成自己独特的文化风格，体现学校特点，凸显文化内涵，强调自然和谐。把校园环境建设与创建特色学校、文明学校和花园式学校结合起来。

校园场所整洁化。大力加强学校的卫生保洁工作，全面治理校园内存在的"脏、乱、差"现象，办公室、教室、实验室等教育场所，寝室、食堂、厕所等生活设施场地都要干净，保持墙壁、阅读栏和各种宣传窗的整洁、有序。加强师生环保意识，无乱扔纸屑、杂物现象，使校园始终保持干净整洁、文明和谐，成为师生工作、学习、休憩的理想场所。定期、不定期进行各种形式的检查评比，开展"卫生标兵""文明班级""文明办公室"等评比活动，提升整个校园环境建设水平。

校园绿植园艺化。以实用、经济、美观为原则，以绿色植物造景为主，花坛为辅，适当设置景点，做到点面结合、布局合理、搭配协调，营造花草葱茏、绿树成荫、清爽优美、赏心悦目的校园环境。校园绿化提倡立体性和园艺化，使地面绿化与空中绿化相结合，并寄寓一定的象征意义，提高绿化的文化品位。加强对绿化工作的目标责任制管理,组织全校师生定期对全校花草、树木进行修剪、养护,努力使校园春有花、夏有荫、秋有果、冬有绿。

校园标牌精致化。学校的各种标牌设置都要美观精致,走廊、过道和室内,饰以与环境相协调的能体现社会主义核心价值观、职业道德要求、素质教育实施、课程改革目标等内容的名人画像、名人名言、名家字画、行为规范语、党员先锋介绍、先进典型或师生的书画、美工作品等,挖掘保护校园内或校园附近的自然、人文历史景观,使学生耳濡目染,在潜移默化中受到艺术熏陶和思想感染。

校园文字规范化。大力推广普通话,使之成为校园语言。校园内使用文字要规范,如校风、校训、标语、警句等。保护操场、爱护绿化等各种提示牌,使用诗一般的语言,在提醒师生的同时,还陶冶师生情操,避免使用"禁止""不准"一类的生硬词句。

校园环境知识化。充分挖掘学校的各种资源,融知识性与趣味性为一体,加强多方面知识的宣传与普及。楼房的每一个楼层设一个主题,图文并茂。主题选择与道德规范、文明礼仪、爱国爱民、清正廉明、清节自守、勤劳勇敢、质朴俭约、勤奋好学、尊师重道、理想信念、陶冶情操等内容相关。通过板报、橱窗的科普宣传栏,实验楼里生物标本的展览牌,校园里的花草树木旁挂的精致小牌,教室里学生自办的学习园地,知识竞赛等,使学生在受到艺术美熏陶的同时,还学到丰富的知识。

二、形成有利于师生成长的制度环境

完善的管理制度是学校师生行为的准绳,是校园文化的重要内容和表现形式,是学校教育教学活动顺利进行和良好校风形成的根本保证。建立健全科学的管理制度,使学校各项工作有章可循,体现依法治教、依法治校精神。重大事项的决策和实施,按章办事,不徇私情,体现公平、公正、公开的原则。改进不科学的管理办法,清理和废除旨在卡、压、罚的规章制度,提倡民主管理、自主管理,体现以人为本的精神,形成既有统一意志,又有个人心情舒畅的生动活泼的制度环境,促进广大师生形成良好的行为习惯、健康文明的生活方式、高尚的道德情操和积极向上的精神风貌。

三、营造健康和谐的校园人际环境

校园人际环境是校园精神环境的重要支点,它包括教师之间、师生之间、生生之间、干群之间的关系,旨在激发原动力,增强凝聚力,形成向心力。它包括宽松和谐的人际关系,好学上进的学习氛围,严谨认真的工作环境,安全稳定的生活环境,营造和谐的人际关系。

从某种意义上讲,人际关系是一种高级形式的校园文化,直接影响校园文化建设,影响教育效果和教学质量。良好的人际关系不仅可以使学生全身心地投入学习,促进学生奋发向上,健康成长,还可以形成良好的集体意识。因此,作为教育工作者的我们,应该有目的地引导学生克服嫉妒、自卑、自傲、自私的不良心理,提倡同学间团结友爱,互相尊重,互相帮助,互相督促,共同提高。学校筹建了心理咨询室和家长学校,重视学生的心理疏导,引导学生建立宽松健康的人际关系。

市光学校人际关系环境建设主要体现在四个方面:一是建设一支廉洁自律、团结奋进、学习开拓、服务型的领导班子。二是建设一支勤学习、善反思、苦钻研、心态绿色的学习型教师队伍。三是形成良好的校风、教风、学风、班风、考风。四是与兄弟学校开展丰富多彩的联谊活动,建立和谐的外部氛围。

四、构筑平安有序的校园安全环境

学校注重加强安全教育，提高师生安全素养。加强对安全教育的投入和支持，将校园安全环境建设作为学校教育教学改革和创新的重要内容和方向，将校园安全环境作为学校特色和优势。学校制定完善符合本校实际情况的安全教育课程或活动方案，把校园安全环境纳入学校教育教学计划和内容，定期开展安全教育课程或活动。学校配备专职或兼职的安全教育人员，加强对师生的培训和指导，建立健全安全教育评价和奖励机制。

学校规范校园内外环境和设施设备的检查维护和改造升级，及时消除或隔离各类危险源。加强健康饮食、卫生防疫、心理辅导等服务，保障学生的身体健康和心理健康。建立健全安全风险防控体系和应急处置机制，制定完善符合本校实际情况的安全预案和方案，定期开展安全演练和培训，提高应对各类安全事故的能力和水平。

学校注重加强对安全教育的参与和反馈，把校园安全作为提高自身安全知识和技能的重要途径和手段，作为丰富自身学习生活的重要资源。引导学生积极参加安全教育课程和活动，主动获取并消化吸收安全知识，主动练习并掌握安全技能，主动培养并形成安全情感、态度、价值、规范等。教师规范自身的安全行为和言论，树立良好的安全榜样和风向标。遵守安全规则和制度，执行安全职责和任务，参与安全演练和培训，参与安全风险防控和应急处置。学生规范自身的安全行为和言论，树立良好的安全意识和习惯。遵守安全规则和制度，执行安全职责和任务，参与安全演练和培训，参与安全风险防控和应急处置。

校园安全环境建设是一项系统工程，需要学校、教师、学生、家长、社会、政府等多方面的共同参与和协作。只有提高安全意识,强化安全责任,加强安全教育,提高安全素养,规范安全管理,完善安全保障,才能有效地预防和减少校园安全事故的发生,保障师生的生命健康和身心发展,构建平安稳定的校园生态环境。

第四节　主题实践:让五彩文化"有情"

校园文化建设绝不是空洞的说教,只有通过各种主题实践活动,引导师生走近、走进丰富多彩的文化建设活动中,校园文化才不会枯燥乏味,才会变得有情有味,才会被广大师生接受,才能激发全体师生情感的共鸣,从而将其"内化于心,外化于行"。

我在学校文化建设中高度重视人在校园文化建设中的作用,重视人的积极性的充分发挥,构建五彩校园文化阵地。校园文化重在建设,开展符合学生特点,引导学生全面成才,形式喜闻乐见、学生参与性强、深受广大师生喜爱和支持的校园文化主题实践活动。市光学校校园文化建设体现实践性、发展性、动态性的特点,与时俱进,坚持弘扬时代主旋律,凸显发展主题,让五彩文化"有情有义"。

一、建设学校制度文化

根据目前教育的新形势和面临的新问题,梳理学校的各项规章制度,按照"以人为本"的原则,对已有的制度加以继承、扬弃和发展,追求制度与文化的完美结合,真正让学校制度对全校师生起到约束、导向、整合、激励和教育的作用。

坚持以人为本,以教师发展为本,以学生发展为本,坚持以德治校与以法治校密切结合,创新有利于师生、学校健康发展的教师管理、学生管理、教学管理、总务管理、学校设施管理等各种管理制度,使各项教学管理活动有章可循,在一个有秩序的氛围下良性发展。

结合学校实际情况,围绕党建、行政、人事、课程、教学、教研、德育、安全、卫生、后勤等各方面,完善学校的各项规章制度,尤其是绩效考核制度,使之更加完美、人性化,实现有章可循。制度完善过程中,广泛征求师生意见,取得多数利益相关者认可,同时每一条规定要宽严适度,符合教育发展规律,兼顾师生正常合理的需求,体现以人为本的办学理念,从而提高制度的可执行率。

坚持有尊重的管理,充分体现制度的激励机制。依法管理,科学管理,精细管理,统一管理与分类管理相结合,管理与教育教学相结合,适度奖励与适度惩罚相结合,刚性管理与柔性管理相结合,外在管理与自我管理相结合,在实践中提升管理艺术与管理效率,做到情感管理、人文管理和制度管理的协调统一。

二、塑造学校行为文化

学校行为文化是学校物质文化、制度文化、精神文化相互作用的表现形式,是学校师生员工在教书育人、学习生活中表现出来的做事方式和处事态度,是师生员工的生活习惯、价值观念、价值取向和行为方式,体现在教学、科研、生活、管理、人际交往、社会实践中。

学校观念文化内涵的提炼。我在实践中逐步认识到:眼界决定境界,思路决定出路,领悟决定觉悟,细节决定成败。有思想才有智慧,有作为才有地位,有付出才有收获,有实力才有魄力。

学校师德文化的提炼。注重加强师德文化建设,旨在激励教师对标"四有"好教师的标准,"堂堂正正养德,规规矩矩修身,兢兢业业教书,踏踏实实育人",形成专业化、学习型、发展性团队。

学校管理文化的提炼。学校管理文化是以学校教育价值观为核心的观念、制度、课程、行为方式和物质建设的集合体,对师生具有正面导向、凝聚激励、约束规范、同化辐射作用,是学校精神财富和物质财富的总和,是学校提高办学水平的重要推动力。我根据学校自身发展的实际结合时代发展的主旋律,提炼出"约定式管理、拾阶式管理、情境式管理、跨界式管理、挑战式管理"的文化样态。

学生行为文化的熏陶和培养。学生行为文化建设的目标就是培育出符合社会主义道德标准,具有强烈的爱国情趣,崇尚文明的言行习惯,具备健全的人格和心理品质的优秀学生。培养学生热爱祖国、文明礼貌、遵纪守法、勤学善思、团结友爱、讲究卫生的好习惯。

十年来,我坚持探索校园行为文化建设,使校园文化渗透到行为中,并将校园理念和文化内化为学生行为,建构出教师、学生自立、自主健康人格的行为文化特色,确保"校园文化"之树根深叶茂。

三、开展多彩校园文化活动

组织丰富多彩的校园文化活动是校园文化建设的有效载体。按照学生身心发展规律,充分发挥学生个性特长,开展形式多样的校园活动。活动设计充分体现高雅、益智和趣味,突出学生的主体性和创造性。活动内容体现实践性和综合性,培养和锻炼学生多方面的素质,表现校园文化精神。

积极开展学生社团活动。从学校实际出发,组织好校园艺术、体育、科普、文化等融趣味性、思想性和知识性为一体的活动。拓宽学生知识视野,培养学生活动技能,规范学生的言行,陶冶学生的情操,丰富学生的精神文化生活。组织各种形式和内容的学生社团或兴趣小组。如成立文学社、书画社、合唱团、舞蹈队、球类队,举办文艺表演,召开校园音乐会,组织小制作比赛,举办运动会和才艺大赛等。学校给学生提供更多的表演机会,让学生体验到成功的喜悦,既丰富学生的课余生活,又让学生的个性特长得到充分的发展。

精心组织学生集会活动。利用校会、国旗下讲话、班会、团(队)会以及法定节日、传统节日、重大事件纪念日等,根据不同集会的特点和要求,加以精心、规范地组织。使每一次集会都能够给学生留下美好的印象,受到启发和教育。

积极开展日常行规教育活动。围绕学生宣传《中学生守则》和《中学生日常行为规范》,进行班级、年级和学校的评比,倡导文明健康的校园行为,引导学生遵守纪律,培养良好的校风、班风和学风,引导学生树立健康向上的人生理想和情趣。

多渠道开展主题实践活动。重视社会实践活动和德育基地的建设,保证学校教育活动的全方位开展。把集中活动与经常性的校园文化活动紧密结合起来,将爱国主义内容有机纳入到各项主题教育活动之中。选择长征精神、"两弹一星"精神、雷锋精神、抗洪精神、载人航天精神等体现民族精神的其中一种精神,并结合历史故事和人物,生动活泼地进行主题教育活动。充分利用形势教育的影视资料对新学生进行民族精神的培育。充分利用"学校开放日""校际交流日"加强活动交流。

开展形式多样的育德活动。通过会议、办专栏、橱窗、校园电视、国旗下讲话,设立校务公开栏、校园网站等,以及开展主题班会、主题教育、科技节、艺术节、评先评优、树榜样等活动,树正气、明是非、辨善恶、抨歪风,打造学校团队精神,锻造学校的精神文化。

四、营造氛围,建设书香校园

构建书香校园氛围,读书是需要环境与氛围的,营造浓郁的文化氛围,引导和激励学生与好书相伴。"书籍是人类进步的阶梯。""获取知识,三分在课内,七分在课外。""读书破万卷,下笔如有神。""书籍是全世界的营养品。"引导学生爱读书、会读书、读好书,让读书成为习惯,使书香弥漫校园。

读书启迪心智,读书滋养心灵,读书涵养人生。守住心灵的净土,让学生主动走进名家伟人的精神世界,陶冶师生自我情操,丰富校园文化,营造书香校园。在校园的橱窗和教学楼走道布置师生作品、名人名言;在花园草地布置有人文气息的宣传标语。开展丰富多彩的社团活动。通过读书知识竞赛、读后感交流、读书征文、经典篇章诵读、歌咏比赛等活动,建设"书香校园",进一步提高师生的人文素养,构建提升教育品质的理想平台。

充分利用学校阅览室、图书室和班级读书角,积极开展读书活动。办好学校图书馆(室),在增加藏书量的同时,增加学生的阅读量,开放阅览室,开设阅览课。图书下放到班级,在固定时间班级间进行轮换,最大限度地提高图书使用率。利用讲座、演讲、征文、校园读书周等形式,推动学生读书活动的开展,丰富学生的精神世界。

第二章 在「五彩德育」上着意

热烈的红、浩瀚的蓝、高雅的橙、希望的绿、灿烂的金,对应着德智体美劳"五育并举",每一种美好的色彩都成为照亮学生生命之光的源泉,体现着学校搭建五育融合育人体系的架构。在"五彩教育"的引领下,学校不断探索思路、重塑品牌、创新载体,给每一个学生"无差别的爱",引导学生"扣好人生第一粒扣子",向下扎根,向上成长。

孔子说:君子"好德",君子"近仁"。从实践的角度看教育的本质,强调教育目的性,即善的目的性。亚里士多德曾经深刻预见,教育作为实践活动,就应是内在地、有目的地"导向善"的活动。柏拉图一直强调"善的理念"。他认为教育也应该有知识的传播,但一般的知识只是意见而不是真理。追求善的理念才是最重要的,才是教育的根本。教育集中到一点就是造就美德,而且古代的"德"是内在于生命的,智德一体的人才称得上"智慧"的人。

市光学校德育工作结合"五彩教育"办学特色,探索五育并举新途径,构建"五彩德育"模式,依托课程研究,将德育课堂、校园主题活动、社团活动、家庭教育课程、社会实践等课程进行有机整合,重点在坚定理想信念、厚植爱国主义情怀、加强品德修养、增长知识见识、培养奋斗精神、增强综合素质六个方面上下功夫,努力构建全方位、多渠道、多层次的学校德育体系。学校以《九年一贯制学校五彩生命课程的实践与研究》课题为引领,在对各学段学生身心发展特点及主要问题深入研究的基础上,开展针对性、突破性策略研究,将德育贯穿于小学一年级至初中九年级,让教育方式方法更加贴近学生实际,提升德育的吸引力和有效性,使学生通过课堂学习、社会实践、场馆探究、成果展示等多方面树立正确的人生观和积极向上价值体系,培养具有"品行高雅,基础厚实、健康开朗,乐观进取"的学生。

学校构建"五彩"课程,落实"课程育人"在"五心五会"校本德育实践基础上,学校把九个年级分为五段,根据层次性、递进性的学段德育目标,实施针对性的主题教育,开发实施五彩生命德育课程。从小低年级生命绿,小高年级环保红,六年级安全橙,七年级青春金,八年级科技蓝,到九年级汇聚成五彩生涯,逐步形成了较为鲜明的校本德育特色,实践和完善培养学生健康人格的教育目标,形成了连贯的、螺旋上升的德育体系。学校也将"五彩生命"课程学段目标渗透在班级文化建设中,形成班级文化建设活动方案集,完成"五彩生命"课程读本的编制,丰富了课程的内涵。

学校打造校园文化,落实"文化育人"。学校橱窗和班级黑板报依据学校教育主题每月更换,专用教室悬挂名人画像,以整洁、优美的校园环境营造良好的育人氛围。每个年级的德育橱窗展示、各楼层学生的绘画及书法作品,校内电子屏幕展示的各班学生风采及学校社团的活动等,力求让学校每一个角落都蕴含着教育意义,形成立体包围式的良好育人氛围。

学校挖掘活动载体,落实"活动育人"。学校根据市教委制定的《上海市初中学生社会实践管理工作实施办法》文件要求,制定了本校的《社会实践活动课程方案》。课程方案中将学生的社会实践活动和学校"五彩生命"德育课程年级主题——六年级(橙色安全),七年级(金色青春),八年级(蓝色科技),九年级(五彩生涯)进行了有机的结合,确定以"五彩生命"各年级德育主题作为社会考察课程纵向维度,以"自然生态,历史文化,科技创新和职业生涯"作为横向坐标的具体实施计划。以"课程方案"为指导,推进学生社会实践活动,提升学生的综合素养。

学校盘活教育资源,落实"实践育人"。学校构建"劳动教育"课程体系,教育引导学生崇尚劳动、尊重劳动,懂得劳动最光荣。继续实行班级学生自主管理制度、学校值勤周机制,倡导午餐"光盘"行动,发挥家庭教育作用,开展志愿者服务等途径加强劳动实践,在劳动中感受自身价值实现的快乐,帮助学生完善正确的价值观,同时通过组织校"劳动小达人"评选活动,培养学生尊重劳动,传承"劳动最光荣"的美德。

关注教育细节,落实"管理育人"。学校将一至九年级分成五个学段,学段长根据教学常规管理和行为规范管理要求,落实本学段教育教学日常管理,定期召开学段内班主任会议,研究班级班风、学风情况,针对问题,加强管理,协助班主任做好特殊学生的思想教育和行规检查,配合德育部做好处理特殊情况学生和突发事件的过程管理,创建学段特色。

发挥家校社作用,落实"协同育人"。发挥家长学校的作用,帮助家长提高家教水平。以"家长督学制"为载体进行家校互动工作的有益尝试,实现学校、家庭教育的内涵发展。通过"全员导师制"整体方案及"导师团"研训制度的制定,树立"人人都是德育工作者"的理念,加强全员协同育人意识。

第一节　五彩德育:滋养每一位学生的心灵

学校全面贯彻落实"双新""双减"政策,坚持"五育并举,多元育人"理念,着力营造九年贯通育人特色,深度融合学校"五彩教育"办学思想,将德育与办学理念、学校管理、课程建设、学生活动、校园文化和教师队伍建设整合,探索"五彩教育"新途径,努力构建全方位、多渠道、多层次的学校德育课程体系。

一、给学生一个完整的人生起点

学校德育以《中小学德育工作指南》为引领,秉持并践行"为了师生共同成长"的办学理念,明确"人人都是德育工作者"的育人思想,依托德育课题研究,引导教师转变教育观念,整合德育教育资源,研发德育课程,细化学段德育目标,分年级实施德育课程,把核心价值观教育、理想信念教育、中华优秀传统文化教育、心理健康教育和生态文明教育有机融入德育全过程,形成全员、全过程、全方位的育人格局,全面落实立德树人根本任务。学校用"五彩德育课程"养育有"大爱品德、睿智头脑、强健体魄、高雅心灵、勤劳双手"的"五彩品格"学生,让每一个学生都有一个完整的人生起点,使每一个学生在"五彩校园"里都能感受学习和生活的美好。

二、让每一个学生都绽放精彩

学校回应"五育并举全面发展"的时代要求,秉承"因材施教,适合为要"的原则,根据每个学生的特质,提供适合成长的"五彩德育课程",开展有兴趣、有品质、有实效的德育活动,将"基础""拓展""探究"和"爱好"有机结合,推动学校"五彩课程"迭代升级。

学校始终以立德树人为根本任务,立足于学生综合素养培育,建设适合学生成长的"五彩课程",实施以学生发展为本的"五彩课堂",塑造以滋养学生心灵的"五彩校园",探索全课程育人的有效路径。学校构建了以"红色德育、蓝色智育、橙色体育、绿色美育和金色劳育"为主要内容的"五色课程"体系,形成鲜明的"德育为首,五育并举"市光学校特色。

【我的手记】五彩德育课程的 LOGO 设计

学校五彩德育课程的 LOGO 设计,五彩分别是红色、蓝色、橙色、绿色、金色,代表了生命成长成熟的过程;而水滴中的 S 字母和整个 logo 的 G 字样,代表了市光五彩德育课程对生命的滋养。五彩德育课程润泽生命,引领学生成长。

三、为学生适性成长供给课程

在课程内容上,学校聚焦班级育人、课程育人、活动育人、协同育人和文化育人五大教育路径,将生命教育、民族精神教育、劳动教育、行为规范养成教育等德育内容整合,着力培育学生五彩品格,建构"五彩德育"课程群。

1. 全程化的五彩生命课程

"五彩生命"课程是我校对接和贯通了大中小学区域生命一体化教育,关注生命教育和实践生命教育的重要途径,是我校五彩教育办学理念引领下的全程化的德育课程。它将色彩心理学,生态教育和生命教育的德育理念充分融合,分学段实施针对性的主题教育。从小低年级生命绿,小高年级环保红,六年级安全橙,七年级青春金,八年级科技蓝,到九年级汇聚成五彩生涯,形成了连贯的、递进的德育体系。近年来,我们将"五彩生命"课程融合到校德育工作的方方面面,从班主任队伍建设,学生行规教育,劳动教育到综合素质评价社会实践课程方案的制定和实施。学生在"五彩生命课程"构建下的主题教育课堂,社会实践活动,社团活动,读本编制,劳动教育,班级文化建设等丰富活动中得到了充分的生活体验,生命感知和成长。

　　制定九年一贯制生命教育的课程纲要。"五彩生命"课程将生命教育贯穿于学生义务教育的每一阶段(小学一年级至初中九年级);探索分学段对学生实施学生生命教育的有效性,在对各学段学生身心发展特点及主要问题进行深入研究的基础上,开展有针对性、突破性的策略研究,让教育方式方法更加贴近学生实际,提升生命教育的吸引力和有效性。此课程也是我校在原有"五心五会"德育目标引领下所开发的具有生态教育理念的德育课程体系,这门课程不仅对接我校德育的分年级实施目标,同时也将生态教育理念付诸课程实施具体实践,使学生通过课堂学习、场馆探究、成果展示等多方面树立生态可持续意识,培养他们的生活能力及优秀品质(见表2-1)。

表2-1　九年一贯制"五彩生命"课程目标一览表

德育目标		年级	教育目标	
五心	五会		目标	"五彩生命"课程
对自己有责任心 对父母有孝心 对他人有爱心 对学习有信心 对国家大事要关心	学会过集体生活	一~二年级	认识	生命绿(自然科学知识基础)
	学会尊重	三~五年级	热爱	环保红(环境保护知识技能)
	学会感恩	六年级	珍惜	安全橙(普及安全知识)
	学会做人	七年级	悦纳	青春金(青春期知识)
	学会学习	八年级	感知	科技蓝(创意思维)
	学会生存	九年级	应用	五彩生涯(人的终身发展)

　　编写适应各学段学生特点的课程读本。根据纲要制定的分层德育目标编写各学段"五彩生命"课程读本。读本内容根据不同年级段所要达成的生命教育目标来编撰,符合学生的身心发展年龄特点,形成了系统的学校生命教育课程体系。

一二年级读本:《绿色溯源　你我同行》——地球小百科,读本内容以自然科学基础知识为主,培养小学生对自然、生物基本知识的了解。

三—五年级读本:《红色生命　珍爱于心》——环保大世界,读本内容以环境保护的法规、正确理念和实践技能为主,增加学生对自然的热爱,了解生存现状,保护自然环境。

六年级读本:《橙色警戒　安全于心》——安全小贴士,读本内容以民防安全知识为主,指导学生对校园安全、居家安全及灾害事故的预防与自救,使学生懂得生命可贵。

七年级读本:《金色年华　青春于情》——青春小锦囊,读本内容以青春期身心指导为主,使学生对人的发展有所认识。

八年级读本:《蓝色星球　科技于行》——科技小创造,读本内容以物理、化学小实验原理及环保手工创意小制作方式为主,鼓励学生进行创造性活动,了解现代科技,并尝试自己进行科技发明。

九年级读本:《五彩生命　生涯于竞》——生涯小故事,读本内容以职业兴趣与选择,人生发展目标及励志故事为主要内容,关注人生意义和人的长远发展。

拓展“五彩生命”课程的实施途径。学生活动是实施“五彩生命”课程的重要载体,而活动形式和活动内容决定了课程目标的达成程度。每学期学校都会组织开展“五彩生命”课程教学、主题活动、研讨展示、场馆探究和社会实践等,学生在“体验式”学习中感知生活,铸就优良品行。“班级文化建设”是五彩生命课程实践研究中的创新做法,每学年各班会结合“五彩生命”课程,各年级德育目标及班级特点确定班级学年文化建设的主题,通过自主设计具有鲜明班级文化特色的“班牌”和组织开展的相关主题活动,有针对性且系统地培养和强化学生的优秀品质和生活能力。班级文化建设活动的开展,使得“五彩生命”课程在学校总体架构的共性之下,显现出个性化的特点,营造以"五彩生命"德育目标为主线的学校特色的校园文化氛围。而"五彩生命"班级文化建设活动设计样例集也已印制出版,样例集沉淀了班级文化建设的智慧和成效,也为今后更好地实施"五彩生命"课程积累了有价值的经验。

融通"五彩生命"课程与其他学校德育课程。学校生命教育是一项细水长流的工作,在以往的实践过程中我们不断形成学校自主研发设计的内容,而随着时代发展及中考评价改革,将传统特色和新的变化进一步整合,使学校生命教育更系统,更具有生命力,也是课程实践研究中不断探究的主题。

与学校社会主义核心价值观课程融合。以社会主义核心价值观中国家及公民个人层面的价值准则,即和谐、文明、爱国、敬业、诚信、友善为切入口,将其融入到"五彩生命"校本德育课程中,以初中学段六至九年级为试点,进行课程的改编和实践,丰富生命教育内涵。以场馆探究、主题教育和班级文化建设特色项目为抓手,从学校层面及班级层面双管齐下,提升学生的道德修养,践行社会主义核心价值观:一二年级以"文明"为目标,生命为主题,引导学生做文明守纪好少年;三—五年级以"和谐"为目标,生态为主题,指导学生做爱护自然好少年;六年级以"诚信"为目标,安全为主题,倡导学生做诚信守法好少年;七年级以"友善"为目标,青春情感教育为主题,教导学生做宽容友善好少年;八年级以"爱国"为目标,科技创新为主题,引导学生当乐创爱国好少年;九年级以"敬业"为目标,生涯教育为主题,指引学生做自信敬业好少年。在学期结束时,进行年级选拔并表彰。以六年级"五彩生命"核心价值观系列课程为例(见表2-2)。

表 2-2 六年级"五彩生命"核心价值观系列课程表

年级	"五彩生命"课程德育目标	核心价值观课程目标、内容及评价				
		目标	内容			评价
			场馆探究	主题教育	班级文化建设	
六年级	橙色警戒安全于心	诚信（做诚信守法好少年）	消防安全体验馆/安全体验馆	主题教育课：以"安全"为主题,教育学生诚信守法。专题讲座、法治教育、考试诚信教育、垃圾分类知识,仪式教育:换戴大号红领巾。	以"社会主义核心价值观"、公民个人层面价值准则为导向,结合我校"五彩生命"课程年级主题目标,确立班级文化建设主题。 六(1)班合作 六(2)班团结 六(3)班自律 六(4)班生命	网络安全诚信公约签署;考试诚信公约签署;行规免检班评选;垃圾分类小报制作

2. 校本化的社会实践课程

学校根据市教委制定的《上海市初中学生社会实践管理工作实施办法》文件要求,制定了本校的《社会实践活动课程方案》。课程方案中将学生的社会实践活动和学校"五彩生命"德育课程年级主题——六年级(橙色安全)、七年级(金色青春)、八年级(蓝色科技)、九年级(五彩生涯)进行了有机的结合,确定以"五彩生命"各年级德育主题作为社会考察课程纵向维度,以"自然生态、历史文化、科技创新和职业生涯"作为横向坐标的具体实施计划。以"课程方案"为指导,推进学生社会实践活动,提升学生的综合素养。以下以六年级学生社会实践课程为例(见表 2-3)。

表2-3　六年级学生社会实践课程表

年级	"五彩生命"校本德育主题	课程主题及目标	学期	课程设置				组织形式
				时间	场所及课时	课程内容	课程形式	
六年级	橙色警戒安全于心	自然生态生命教育，探索和认识生命意义，学会尊重、珍惜和热爱生命。培养学生主动探究和体验的兴趣和能力。	第一学期(20课时)	九月	上海山阳田园农业科普基地＋金山卫抗战纪念馆(8课时)	生态劳动爱国教育	探究拓展研学	学校组织
				十一月	龙华烈士陵园＋上海植物园(8课时)	换戴大号红领巾	仪式	学校组织
				一月	雏鹰假日小队黄兴公园(4课时)	生态教育爱国教育	研学	班级组织
			第二学期(20课时)	四月	上海自然博物馆(8课时)	生态教育	探究研学	学校组织
				五月	万一安全实训基地＋浦江公园(8课时)	安全拓展	体验拓展	学校组织
				七月	雏鹰假日小队上海体育学校武术博物馆(4课时)	生命	研学	班级组织

3. 多样化的课后服务课程

学校通过制定科学规范的《实施方案》和构建丰富多元的课后服务课程,完善家校社共治共育的育人格局,拓展学生成长空间,满足学生多样化的发展需求。此外,充分梳理、挖掘校内外优质教育资源,构建满足学生及家长多样化需求的课程是学校开展高质量课后服务的最佳载体。

学校开设了"托管""社团"和"拓展探究"三类课后服务课程(见表2-4)。

表2-4 2023学年课后服务课程表

课程类别		课程名称			
基础性课程——"托管"课程	自主课程	自主作业 自主阅读 自主手工 自主绘画			
社会性课程——"社团"课程	科技类	Discovery 生物		IT 编程	
	运动类	飞人足球	大黄蜂篮球	舞动青春	国球乒乓
	艺术类	时光画舍	市光合唱团	悠扬长笛	国画
	公益类	益动少年		国旗仪仗队	
	人文类	悦读影视文学		棋乐无穷	
延伸性课程——"拓展探究"课程	拓展课程	合唱声声	小小理财师	快乐足球	人文趣演
		民防普及	趣味编程	创意折纸	数学思维
		写诗入门	跟着古诗去旅游	有趣的数学史	复旦博讲团来了
		篆刻	魅力光影	应用数学	手指舞
		科学探究	逻辑迷宫	巧手编织	明理课堂
	探究课程	研究方案设计	实验研究观测	文献研究搜集	社会调查入门
		民防工程探究	生活中的经济学	快乐成长整理术	舌尖上的语文
		音随心动	智能家居	解密自然	生涯启航

课后服务基础性课程——"托管"课程,教师以"固本＋培优"开展作业指导,学生通过自主作业、自主阅读、自主手工等,在教师看管和自主管理中实现成长。

课后服务社会性课程——"社团"课程,学生依据自身的"兴趣＋特长"选择课程,在社团活动中交往和学习,促进社会性发展。

课后服务延伸性课程——"拓展探究"课程,以"必修＋选修"菜单式兴趣拓展和主题探究的课程模式作为课堂的延展,拓宽学生知识面,培养生活技能,助推学生个体性成长。

4. 特色化的劳动教育课程

以"五彩"教育理念为引领,秉持"为了每一个学生全面且个性发展"的课程理念,对照标准、系统规划、依托气象、打造特色,探索实施"3－4－5"劳动教育课程。

"3"指聚焦劳动创新、劳动创智、劳动创造的"三创"理念,旨在课程设计、教学过程、达成目标等中体现"三创"理念。"4"指探索"四全"策略,即劳动教育课程全要素、全过程、全场域、全路径实施。全要素是指劳动教育课程培育的劳动素养包括劳动观念、劳动能力、劳动习惯和品质、劳动精神;全过程是指学生成长的全过程,覆盖九年一贯全学段;全场域是指劳动教育课程开展的物理空间,贯穿学校、家庭、社会等各场域;全路径是指融入国家课程、地方课程、校本课程、综合实践活动等。"5"指坚持"五育融合",擘画"五彩教育"蓝图,促进学生全面发展。

5. 多元化的成长五彩路课程

学校整体设计学生9年成长阶段教育课程、入学课程、小初衔接课程、毕业课程等系列,让学生在课程中精彩成长。在学生成长中评选"五彩班级"和"五彩学生",激励学生在自己的成长中争光争彩。

四、导引学生在校园里收获成长

基于课程目标及内容，学校积极探索适切的课程评价管理。通过制定"五彩少年"评价机制、编制活动学习单和社会实践自主申报表及绘制劳动教育学生数字画像等，体现课程实施进程和学生在课程中的收获和成长。关注学生多元发展，注重多维度评价，既注重教师的评价，也关注同伴的评价，既注重终结性评价，也关注过程性评价，发挥评价引领的积极作用，保护、发展学生的个性特长，促进学生全面发展。完善多元评价方法，在评价内容上，既关注学习能力的评价，也关注学生情感、态度、价值观的评价；把过程评价与结果评价统一起来，将平时评价和考试评价相结合，以求能更加全面、客观、公正地评价学生。

五、让学生走向五彩缤纷的世界

学校以制度、师资以及资源建设保障德育课程的有序、有效实施。近年来，学校进一步建立健全各项管理机制，不断修订完善相关课程实施方案；2021年起，全员导师制的试点探索和全面实施赋能了教师成长，规范了全员育人的新生态；学校《家长督学制》等新举措的制定和实施，为家校社协同拓宽了渠道，共同助力五彩品格少年的成长。

市光学校"五彩课程"把学生的德、智、体、美、劳融为一体。从德育和教学两条线路出发，即"五彩德育课程"和"五彩教学课程"。"五彩德育课程"以德育活动为主，重在对学生进行德育实践活动教育。学校将"五彩德育"贯穿于学校德育工作的主线，以"五彩德育"作为德育工作的常规课程。

学校"五彩教育"视域下的"五彩德育课程"已成为凝聚和激励市光学校全体师生的重要精神力量,是学校发展的强大内驱力,它的内涵和外延不断深化,初步形成了"五彩校园"文化相融相生的画卷,滋润着每位师生的心田。

第二节　全员导师制:点亮每一个学生的心灯

根据中共中央、国务院《关于全面深化新时代教师队伍建设改革的意见》《关于深化教育教学改革全面提高义务教育质量的意见》《中小学德育工作指南》和《关于进一步减轻义务教育阶段学生作业负担和校外培训负担的意见》等文件精神,上海市初中学校自 2021 年 9 月起全面推行全员导师制。

全员导师制在弥补班级管理模式上的不足方面得到充分肯定,但在实践中发现,此项工作并不是简单地将班主任的工作拆解成几个导师共同承担,当传统由一人承担的班级管理转变成多人共同承担的班级管理时,面对教师素养不一和德育能力不均衡的问题,指向教师之间展开协同合作的"导师团"建构成为德育管理中影响全员导师制实施成效的主要因素,因此,市光学校将"导师团"的有效建构作为导师制工作有序、有效开展的突破口,以此提高全员育人品质。学校从 2020 年 10 月起试点全员导师制,参与杨浦区重点课题《生命教育视野下全员导师制的区域实践研究——以初中为例》的研究,并在 2021 年初启动此项目子课题的研究。

促成"教师"到"导师"身份转变,切实提升导师解决学生成长问题的能力和家庭教育指导的能力,营造共研共导全员育人氛围是"导师团"建构的中心目标,以此目标为导向,学校在教育教学管理中将"导师团"架构、运作机制和教研方式作为重点内容,开展了针对性的研究与实践。

一、全员导师制的校本落地

以"导师团"导育为特色点,制定了全员导师制实施方案。在学校的全员导师制实施方案中,明确了导师团成员"知、判、导、育"工作职责和协同内容。《方案》中规定导师工作以"思想引导、学业辅导、生活指导、心理疏导、生涯向导"为核心内容,通过导师团协同的导育策略,帮助学生成为具有"大爱的品德、睿智的头脑、强健的体魄、美丽的心灵、勤劳的双手"优秀品格的五彩少年。

知:结对学生确定后,导师通过学生档案、家校联系、导师团教研等途径,全面了解学生状况,包括性格特点、兴趣爱好、学习情况、家庭情况等,认识并尊重学生在各方面的差异,为个性化指导做好准备。

判:运用科学的学生心理问题的识别和应对技巧,定期了解和观察学生的情况,关心学生生活,联合导师团成员,对学生行为及情绪上的变化做出判断,开展精准指导和干预。对无法处理的学生心理危机,能及时告知学校并寻求专业支持。

导:指导学生学习家庭生活,引导学生建立有益身心健康的兴趣爱好,参与公益劳动等社会实践活动,教导学生树立健康向上积极的心态,疏导学生负面情绪。

育:导师应以知行合一的态度做好结对学生的榜样,及时纠正学生的不良行为习惯,将正确的道德观念和成功的生活经验传授给学生,培育学生向上的生活心态和优秀的行为品质。

同时,学校《方案》中,以全员导师制的育人目标为导向,开展以谈心交流、专题辅导、成长寄语和家校沟通为主的导师制工作方式,将校本"五彩德育"中的五色"红、蓝、绿、橙、金"标注"五导",构建"五彩"全员导师制导育体系:信仰红代表"思想引导",以"敬畏"为导育目标,强调家国和美德;天空蓝代表"学业辅导",以"感知"为导育目标,突出广博与奋斗;生命绿代表"心理疏导",以"悦纳"为导育目标,强调安全与乐观;阳光橙代表"生活指导",以"热爱"为导育目标,突出豁达和积极;秋收金代表"生涯向导",以"应用"为导育目标,象征理想与收获(见表2-5)。

表2-5 全员导师制五彩导育实施计划表

五彩	目标	主题	内容		五彩评价
信仰红	敬畏	思想引导	家国意识 孝亲敬老	自我认识 规则教育	大爱的品德
天空蓝	感知	学业辅导	兴趣培养 预复习法	计划制定 阅读分享	睿智的头脑
生命绿	悦纳	心理疏导	情绪管理 压力缓解	亲子沟通 挫折应对	美丽的心灵
阳光橙	热爱	生活指导	运动健身 劳动技能	人际交往 卫生安全	强健的体魄
秋收金	应用	生涯向导	自我探索 职业认识	学业规划 职业体验	勤劳的双手

《方案》的工作目标中强调了要充分利用九年一贯制办学特点和优势,关注小升初学生身心变化,以不同学段"导师团"的教研,搭建小初衔接育人新平台,打通小学、初中导师间的沟通渠道。

以"导师团"组合为突破点,明确导师团架构方式。"导师团"囿于学生数量多、教师数量少、教师育德能力不均,再加上"导师"身份对教师的育人专业性提出了更高的要求,因此,在有限的导师里进行合理组合是导师团工作有效开展的前提和基础。学校在完成导师遴选后,根据教师经验、教育能力、任教学科和班级情况等综合因素,通过学段统筹安排、班级配对及学校把控,达成师生合理匹配和导师团的适切组合(见图2-1)。

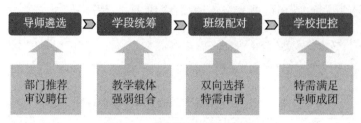

图2-1 班级"导师团"建构图

为切实提升成团后导师的育德能力,提高全员育人品质,学校提出导师团"共研共导,合力育人"的导育原则,同时借鉴教学管理中的教研组、备课组管理模式,构建以学段为单位的"导师教研组"和以班级为单位的"导师备课组"的导师团教研模式,学段长担任"导师教研组"组长,班主任担任"导师备课组"组长。

以"导师团"协同为关键点,建立"导师团"工作机制。结合校情与育人科学,我校明确了"导师团"工作要素,关注导师合作过程,规范精化了"导师团"工作流程,形成行之有效的运转机制(见表2-6)。

表2-6 "导师团"工作任务表

工作机制	主 要 任 务
首导教研	学年初,导师和受导学生完成配对后,在导师团团长(班主任)组织下,开展首次导师团教研活动。导师团结合学生家庭情况问卷调查情况,学生日常道德品质、个性特点及心理健康状况等,共同研究学生整体发展情况,摸排、确定班级中需要导师特别关注的学生名单,并探讨学生针对性指导策略。
日常导研	导师日常育人的主要形式是每学期至少一次的家校联系、专题辅导和每月至少一次的谈心交流。导师在《全员导师制活动记录册》上填写日常导育的基本信息和感受,记录学生受导期间的变化和成长,积累"导师团"研讨典型素材,作为今后导育及研讨工作的重要参考。

工作机制	主　要　任　务
应急共导	导育过程中,为了提供给受导学生精准指导并及时干预心理危机,导师要关注学生行为及情绪上的变化,与导师团团长积极沟通,共同对学生过激行为及负面情绪做出判断并及时干预和寻求专业支持。 学生发生突发事件后,导师团团长及相关导师及时沟通,由班主任和导师共同做好家校沟通,确定学生问题解决办法及导育措施,并及时上报。

以"导师团"建设为着力点,构建了导师团研训模式。"导师团"有效研训模式的构建不仅利于教师更好地处理学生发展中的普遍问题和突发事件,也是使教师提升师德素养和育德意识,掌握导师工作的专业知识和技能,促成"教师"向"导师"身份转变的直接和有效途径。这是教师认同"全员导师制"实施的迫切性和必要性。

基于此,学校首先制定了"导师团"研训制度,明确"导师团"培训及教研活动开展的各项规程,保障活动的有序实施和管理。"导师团"研训制度主要内容包含了"导师团"学期研训方案制定要求、"全员导师制"专题培训活动规定、"导师团"教研活动的规定、教研出勤及活动记录要求和学期经验总结要求等。

根据"导师团"研训制度,融合"导师团"发展特点,充分利用学校各层面原有的会议及教研时间,构建了"导师团"研训方式(见图 2 - 2)。

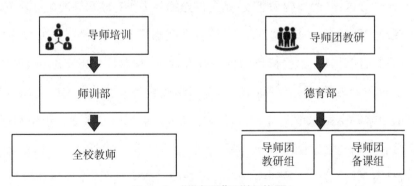

图 2 - 2　"导师团"研训架构图

研训分为导师培训和"导师团"教研两部分。导师培训由学校师训部负责管理,利用校本培训时间,面向全体导师,以专题讲座、互动研讨、教师论坛等形式开展导师制研修培训活动。导师团教研活动由学校德育部负责管理,一个学段即有"一个导师团教研组",一个班级导师团即为一个"导师团备课组"。

以"导师团"发展为出发点,形成了导师制工作案例集。学校从学校管理、导师团建设和导师等各层面,收集在线上线下教育教学中发生的全员导师制工作的典型案例,形成《五彩汇智 携手成长》案例成果集,做好经验总结,积累和分享,推动"导师团"的发展。

二、全员导师制的一抹亮色

直击重点寻突破。"导师团"是"全员导师制"背景下,学校育人团体中的全新概念,而"导师团"的有效建构却是落实全员导师制工作的核心内容,目前关于全员导师制的研究大都立足于外在的"实施",而没有太多关注到导师内在的"驱动"。教师"导师"模式的启动,不仅依赖于教师自身对"导师"身份和"导师团"协同合作的认知和认同,也依附于"导师"个体应该具备的"软"实力,此项目重点研究内容——"导师团"的架构和建设,是全员导师制工作有效开展的关键环节。

实践研究融特色。该课题的研究顺应了我校实践"五彩教育"的探索之路。学校"五彩教育"是具有学校特色的校本教育理念,它以教育生态思想为指导,从学校自身改革和发展的实际需求出发,针对学校教育教学所面临的实际问题,制定相应的策略和模式,按照一定的程序和原则进行指导研究活动。将校本理念应用到全员导师制的学生管理中,与学校"五彩德育""五彩师训"和"五彩文化"相融合,形成具有学校特色的"导师团"模式,提升教师育人素养,充分体现学校"为了师生的共同成长"的办学理念。

三、全员导师制的探索成效

"导师团"呵护了学生心灵,促进学生健康发展。全员导师制背景下"导师团"教师的角色有"变",也有"不变":"变"的是岗位分工与工作机制,"不变"的是努力成为学生人生导师的教育情怀与责任担当。市光学校用"导师团"呵护学生心灵,促进学生健康发展。探索基于学校全员导师制的实施策略,为教师的专业发展提供前沿的理论支持。

"导师团"的合理架构,实现了团队间的均衡导育。工作中导师力量平均分配,实现强弱组合;导师团的工作机制明确界定了班主任和班级其他导师之间的职责范围,做到分工明确,责任到人;结合校情及导师现状,制定的"导师团"研训制度及学期研训方案,较好地提升了导师团队的合作精神与专业能力,促成"导师团"内导师之间的合作共育,初步显现了导师育人的成效,使"全员导师制"工作落地。

"导师团"的建构顺应了学校实践"五彩教育"的探索之路。在实践中坚持把校本理念应用到全员导师制的学生管理中,与学校"五彩德育""五彩师训"和"五彩文化"相融合,形成了具有学校特色的"导师团"模式,推动了学校高质量持续发展。

四、全员导师制的辐射效应

一是学校的实施方案入选上海市首批全员导师制实施方案集。二是面对线上育人的新形势,学校积极调整导育措施和导师团研训方式,保障全员导师制有效实施,学校案例《多措并举保障云端导育》选登在上海市师资培训中心公众号。三是学校作为区域项目试点校,多次在各级各类会议中分享全员导师制实施中导师团建构的工作经验(见表2-7)。

表2-7 全员导师制实践探索与辐射足迹

时 间	具 体 内 容
2020.10	领衔开展全员导师制区域试点实践研究工作,制订学年研究工作计划
2020.11	制定全员导师制校级实施方案
2020.11	领衔参与区重点课题《生命教育视野下全员导师制的区域实践研究——以初中为例》实践研究
2020.12.01	区全员导师制项目工作例会发言(1)
2021.01	全员导师制问卷调研1
2021.01.12	上海市师资培训中心到校开展全员导师制工作调研
2021.03	完成课题《九年一贯制学校"导师团"建构的实践与研究》开题报告
2021.03.16	区全员导师制项目工作例会发言(2)
2021.04	制定学校全员导师制《研训制度》及《研训课程方案》
2021.04.19	区全员导师制项目工作例会发言(3)
2021.04.20	区教育局在我校举行中小学全员导师制试点学校培训会,王枫主讲
2021.05.20	区全员导师制项目工作例会发言(4)
2021.06.21	区全员导师制项目工作例会发言(5)
2021.09	修订全员导师制,导师匹配制度,启用导师制活动记录册及家校联系单
2022.02	全员导师制实施问卷调研2
2022.01	修订校全员导师制校级实施方案,方案入选首批上海市全员导师制校级实施方案集

时间	具　体　内　容
2022.03	区全员导师制行动在云端,市光交流(6)
2022.03	完成课题《九年一贯制学校"导师团"建构的实践与研究》中期报告
2022.04	报送双减下的全员导师制优秀视频,获区优秀视频奖
2022.04.12	张若舒《导师如何应对新挑战》一文发布在上海市师资培训中心公众号
2022.05	参与区《全员导师制工作指南》编写
2022.05.16	区全员导师制项目工作例会发言(7)
2022.05.31	上海杨浦教育公众号发布沈钰怡、孙伟婧、魏琳芝三位导师事迹
2022.06.10	徐燕萍《多举措保障云端导育》一文发表在上海市师资培训中心公众号
2022.06—2023.03	徐燕萍参与上海市师资中心全员导师制培训者培训班
2022.09.28	区全员导师制项目工作例会发言(8)
2022.11	完成课题《九年一贯制学校"导师团"建构的实践与研究》结题报告
2023.01—2023.12	开展项目研究《全员导师制背景下心理健康教育路径的研究》
2023.05.29	区全员导师制项目工作例会发言(9)
2023.06.21	全员导师制组团发展工作例会发言(一)
2023.07.24	向咸阳市渭阳区中小学教育代表团交流介绍校导师团的架构及建设
2023.09	设计并启用全员导师制智慧数字平台
2023.09	案例《云端导育,让学生更"享"学》获 2022 杨浦区全员导师制实施典型案例评选(综合组)三等奖
2023.10.19	全员导师制组团发展工作例会发言(二)
2023.10.20	向沈阳德育工作者(校长团)交流介绍学校全员导师制工作开展,公开展示导师团心灵成长辅导课《新起点,心适应》
2023.10.23	区全员导师制展示活动上,开展"导师团研训"微论坛

第三节 心理辅导:护航学生健康快乐成长

在"五彩教育"目标引领下,着重培养具有"五彩品格"的新时代学生,"五彩品格"即"大爱的品德、睿智的头脑、强健的体魄、高雅的心灵、勤劳的双手"五大品质。其中"高雅的心灵"指追求真善、举止大方、言谈得体、情趣高雅,这充分体现了学校心理健康教育工作的育人功能和价值。

我们始终注重学生全面发展和个性特色培养,关心学生心理成长,积极营造和谐的育人环境。围绕学校办学方针和校本德育目标,坚持育德与育心相结合的学校心理健康教育工作的指导思想,结合学校实际情况,面向全校学生、家长和教师,采用多种方式开展心理健康教育教学活动,我校已于 2021 年 11 月成为"十四五"期间上海市首批中小学心理健康教育达标校。

一、建立目标路向的组织架构

目标规划。在《上海市市光学校"十四五"发展规划》(2021—2025)中,明确指出我校心理健康教育工作总目标:继续将心理健康教育与学校德育工作紧密结合,融入学校整体办学之中。针对各年级学生的身心特点,开展形式多样的心理健康教育教学活动,探索学校心理健康教育工作的新路径与新方法,进一步提升工作的有效性和专业性。通过不断地实践和改进,规范和完善学校心理健康教育工作体系,建立学校心理健康教育的长效机制,提高学校心理健康教育工作在区域内的知晓度,力争成为区心理健康教育示范校。

学校领导对心理健康教育工作高度重视,成立心理健康教育工作小组,制定各项心理健康教育工作制度,完善心理健康教育工作组织架构,保障心理健康教育工作的实施。心理辅导室在分管校领导的指导下,每学年制定详尽的工作计划,有序开展各项工作,学年末撰写工作总结。

组织架构。学校成立以校长为组长,书记和副校长为副组长的心理健康工作领导小组,组员由德育主任、教导主任、总务主任、心理专职教师和学段长组成,领导小组定期召开专项工作会议,汇报、布置、研讨学生心理健康教育工作(见图2-3)。

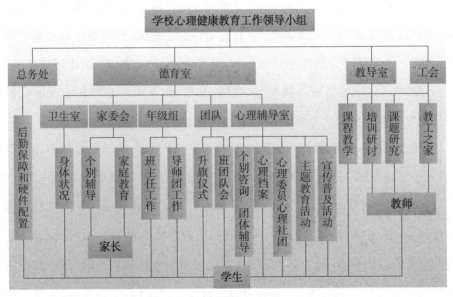

图2-3 心理健康教育工作领导小组架构图

制度建设。我校心理健康教育工作制度完备,心理辅导室有规范的工作条例,对心理教师有考核评优制度。我校教育教学的多方面都有心理健康教育工作的渗透,高度重视心理健康工作的开展实效,在全员导师制工作大力推进下,倡导全校教师进一步重视心理健康教育工作,并通过系列培训和活动提升全体导师的心理疏导能力,倡导所有教师将心理健康教育理念运用到教育、教学活动中。

二、健全质量导向的专职队伍

硬件配置。我校中学部心理辅导室名为"心语小屋",位于学校侧楼的二层,面积约为65平方米。"心语小屋"分为办公区和活动区,其中办公区内设置办公、接待、测试、咨询等区域,有电脑、档案柜、悄悄话信箱、专业书籍等物品;活动区(心理教室)分为沙盘游戏、动感宣泄、团体辅导等区域,有心理读物、沙盘、身心反馈运动调适系统、团体辅导工具箱、智能型动作稳定测试、智能型注意力集中测试仪等设备。小学部的心理辅导室面积约60平方米,内有沙盘、团体辅导工具箱、心理读物等。心理辅导室环境简洁、宽敞、私密,给学生一个放松心灵的安静之处,受到学生们的喜爱。

队伍建设。一是配备人员。我校共有两位心理教师:中学部专职心理老师张若舒和小学部专职心理老师薛海丽。张若舒老师是应用心理学专业硕士研究生,有13年学校心理健康教育工作经验,有国家二级心理咨询师和上海学校心理咨询(中级)证书,张老师获得上海市和杨浦区的教育教学奖项多项,是校级骨干教师,具有很强的亲和力,深受同学们的喜爱。薛海丽老师是硕士研究生,有小学心理教师资格证,自入职以来,一直努力提升自己,是校级教学新秀,已获得上海学校心理咨询(中级)证书。二是培训督导。我校心理老师积极参与和完成市、区各层面组织的专题培训、工作坊、个案督导等业务学习,从未无故缺席区教育学院的教研活动,参与区教育学院举办的专题课程并取得结业证书。我校教师积极参加区情绪智力课程的开发,张若舒老师提交的心理辅导案例、蔡琨老师提交的心理辅导案例、薛海丽提交的课堂活动案例均被区中小学情绪智力培养课程优秀案例集收录,在区中小学情绪智力培养课程——"情绪·微课堂视频"作品征集活动中,张若舒老师荣获一等奖,薛海丽老师荣获三等奖。

三、开展成长取向的心理活动

课程教学。心理健康教育活动课。我校把心理健康教育活动课纳入课表,分别在小学三年级、中学六年级开设,每周一节。心理教师每学期制定教学计划,填写教学进度表,将五彩课堂关键词"想说"融入教学,坚持把学生的需要放在首位,做好学情分析,精心挑选教学资源,做好单元教学设计。在课堂中积极创设情境,营造安全、温暖、包容的课堂氛围,鼓励学生分享感受、表达想法、合作学习,通过环环相扣的活动调动学生参与课堂,获得体验,引导学生将课程收获用于日常的学习和生活中,不断提高学生的适应能力和心理自助能力,促进学生积极心理品质的形成。张若舒老师执教的"我想更懂你",荣获第八届上海市中小学、中等职业学校心理健康教育活动课大赛(初中组)二等奖,该课程还荣获了2020年杨浦区中小学心理健康教育(主题教育)课比赛二等奖,近年来张若舒老师开设区公开课一节,校公开课七节,薛海丽老师开校公开课三节。

班级团队主题会课。每学期开展一次以心理健康为主题的班会活动,班会主题结合了学生普遍存在的心理困惑和德育工作重点,近年来我们开展了"筑牢青春防线,做快乐少年""生命最宝贵的礼物""学习沟通技巧,营造和谐关系""拜拜拖延君""轻松应试'心'攻略""宅家学习我做主""挫折教育""情绪小怪兽""我和我的家人们""与心灵相约,畅享寒假生活""青春,因'悦'而越"等主题班会,将心理健康理念渗透到学生中。此外每学期的"开学第一课"中我们都根据实际情况,积极向学生宣传普及心理健康知识。

导师团心灵成长课。为充分发挥导师团的育人合力,在已有导师专题辅导活动的基础上,创新开展导师团心灵成长辅导课。面向七年级开展"幸福实验室",教学方案由张若舒老师设计,课程实施由张若舒老师和胡瑶老师共同完成。面向六年级开展"新起点,'心'适应",教学方案由张若舒老师设计,课程实施由张若舒老师和李宇琪老师共同完成。新颖的课堂形式,丰富的课堂活动,加上两位导师的智慧设计和默契配合,该课程受到了同学们的喜爱,取得了满意的辅导效果。

实践活动。一是主题教育活动。根据市、区关于开展学校心理健康教育活动月的通知,我们制定上海市市光学校心理健康教育活动月方案,每年的 4—5 月,我校积极组织开展心理健康教育月活动的系列活动。2017 年我们开展了主题为"让青春与美好同行"的系列活动,2018 年我们开展了主题为"青春心体验,活动心成长"的系列活动,2019 年我们开展了主题为"温馨家园,与爱随行"的系列活动,2020 年我们开展了主题为"'疫'路同心,'益'起战'疫'"的系列活动,2021 年我们开展了主题为"绘心悦心,自信成长"的系列活动,2022 年我们开展了主题为"积聚心能量,健康向未来"的系列活动,2023 年我们开展了主题为"润泽心灵,健康成长"的系列活动,活动均以发展性心理健康教育与积极心理学理念为导向,紧密围绕活动主题,广泛开展各类心理健康教育活动,宣传普及心理健康知识,激发同学们的参与兴趣,引导同学们自我探索,在活动过程中注重资料的记录和整理,并对活动中表现优秀的学生和班级进行表彰,通过活动的开展营造了良好的校园心理氛围,促进了同学们的身心健康成长。我校从 2017 年起连续七年获得了杨浦区中小学心理健康教育活动月/季优秀组织奖(自 2023 年起心理健康教育活动月改名为心理健康教育活动季)。我校每年都有老师和同学荣获区级心理健康教育类奖项。

二是心理委员活动。初中部每个班选定一名心理委员,定期对心理委员进行培训,指导和检查心理委员手册的填写,逐步提高学生朋辈互助和组织班级心理活动的能力,每学年组织开展优秀心理委员的评选工作。我校心理社团主要由心理委员组成,心理教师定期组织活动,指导学生开展心理实践活动,逐步发挥学生在学校心理健康教育工作中的作用。

三是宣传教育活动。通过《开学第一课》、校园心理广播、学校微信公众号、宣传折页、校报、宣传海报、班级黑板报等方式向全校学生、教师和家长宣传普及心理健康知识。近年来,我们涉及的主题有开学适应、青春期心理、自我成长、情绪管理、亲子沟通、假期前后的心理调适、预防性侵害、考试心理调节、升学压力应对等。我们在学校微信公众号撰写心理健康类推文30多篇,2022年5月张若舒老师在区教研员指导下,与其他学校的两位老师合作撰写《导师如何应对新挑战——"四问四答"来助您一臂之力》,被上海市师资培训中心公众号推广。2022年6月张若舒老师撰写的《学做智慧父母,为孩子复学助力》(家庭教育指导)、《全力以"复",从"心"开始》(学生复学心理调适)两篇推文被"上海杨浦""上海杨浦教育""新民网"转载。

心理健康辅导。一方面坚持学生心理辅导。在小学部和中学部都设有心理辅导室,每天保证开放一个小时,接待学生的来访,设有"悄悄话信箱",提供线上咨询。辅导教师认真做好每次咨询记录,存档保管,在必要的情况下,进行个案的转介,并做好记录。心理教师撰写个案报告,积极参加区教研室的个案督导和专业培训,不断提升个人的业务水平。另一方面坚持危机干预机制。成立学校危机干预工作领导小组,建立学生心理健康三级预防体系,严格按照《上海市市光学校心理危机干预工作条例》开展工作,每学年秋季学期9—10月期间,我们运用专业的心理测试平台面向四年级和六年级进行心理状况调查,建立学生心理健康档案,一生一档,并严格管理。

在学生心理危机的处理上,我们与区域未成年人心理辅导中心紧密联系,通过多种途径告知市级、区级、校级的心理热线、援助平台和具体地址等求助途径,有效开展心理危机辅导、转化和转介工作。

家庭教育指导。学校的心理健康教育工作注重从家庭系统的视角关注学生成长,近年来我们面向家长开展了主题为:"陪伴从认识开始""为了孩子更好地成长""执子之手,与子同行""和谐亲子关系,促进有效学习""您的家庭互动模式,决定孩子的人格""读懂孩子心语,发挥家庭功能""科学上网,健康成长""读懂孩子情绪,陪伴孩子成长"等家庭教育指导讲座和活动,共计 10 余次。2020 年 9 月我们编制发放《上海市市光学校家庭教育指导和心理防护宣传手册》,心理教师设计、制作了三节家庭教育指导微课"亲子沟通中的倾听与表达""我想更懂你——亲子沟通金钥匙""心向阳光,快乐起航"。张若舒老师参加杨浦区中小学、幼儿园家庭教育指导教师"亲子沟通"专题研修班学习,通过考核,顺利结业,成为上音教育集团家庭教育指导工作组成员。这些活动的开展,有助于家长走出误区,掌握科学的教育方法,营造良好的家庭氛围,家长普遍反映收效很好,指导作用明显。

关爱教师心理健康。在全面推进全员导师制工作背景下,我们通过"相约周一"班主任课堂、教职工大会、教研组活动等途径等开展面向教师的心理知识专题培训。学校心理教师开展的培训主题有"让家庭教育助力孩子学习""学生心理危机的识别和处理""学生抗挫能力培养""问题学生的筛查与处理措施""云课堂教师心理调适"等。我们邀请校外专家到校指导工作,有上海师范大学心理学专家沈勇强教授,上海市优秀班主任、上海市家庭教育优秀指导者李岩老师,华东师范大学陈亮副教授,黄浦区心理教研员、心理高级教师钱锦老师,中学高级教师汪桂萍老师,开展的主题有"学生常见心理问题的识别和应对""用心架起沟通的桥""促进改变的家校对话""如何快速识别和有效干预心理亚健康""如何消除疫情带来的负面情绪"等专题讲座,这些讲座有助于老师们将心理健康理念运用于教育教学中,一定程度上提高了全体教师的心理疏导能力。

学校关注全体教职员工的心理健康状况,购买了慧熵心理监测系统。我们开展曼陀罗绘画体验活动、慧熵监测系统体验活动等,这些活动的开展旨在了解老师们的心理状态,给予相应的帮助,帮助老师们排解负面情绪,缓解老师们的工作压力。

近年来,在学校"五彩教育"目标引领下,全员对于心理健康教育的重视程度大幅提升,心理健康教育活动课一直是最受学生欢迎的课程之一。我们将继续把心理健康教育融入学校教育教学全过程中,努力让静待花开的心灵养分滋润市光的每一寸土壤,用润物无声的人文关怀温暖市光的每一颗心灵,营造和谐融洽的校园心理氛围。经过务实的探索和实践,取得了一定的进展和较好的成效。今后我们会不断拓宽工作思路,不断积累工作经验,继续扎实有效地开展工作,为市光学子的健康成长和幸福生活保驾护航。

【我的手记】2023 年心理健康教育活动季

2023 年 3 月至 5 月,成功开展了主题为"润泽心灵,健康成长"的心理健康教育活动季系列活动。

活动 1:"润泽心灵"心理健康主题海报制作和心理健康主题短视频制作

此两项活动是 2023 年活动季的市、区级特色活动,面向全校学生开展,鼓励学生围绕活动主题,积极进行自我探索和创意表达,分享自己的成长感悟和体会,宣传普及心理健康知识,展示学生理性平和、自尊自信、积极向上的阳光心态。经过校级评选共有6位同学的作品参加区级评选,其中六(1)班张晟同同学的作品被区级评选选中参与市级评选。

活动2:"捕捉最美笑容"摄影作品征集活动

此项活动面向全校学生开展,围绕捕捉生活中的最美笑容为主题,引导学生发现生活中的美好瞬间,传递幸福能量。我校师生积极参与此项活动,有的抓住了春游的开心时刻,有的记录了日常校园生活中的欢乐时光,这些笑脸照片将生活中的点滴美好瞬间保存和分享,营造了积极向上的校园氛围。

活动3:"我运动我快乐我健康"趣味心理运动会

此项活动面向全校学生开展,根据不同年级设计适合的运动项目,小学部同学学做"心理健康操",中学部同学参与了"坐地起身""一圈到底""争分夺秒""团队节拍"四个项目,通过游戏和运动增加班级凝聚力,调节学生情绪状态,培养学生自信心,加深学生对身心健康重要性的感悟。

活动4:心理健康教育专题讲座

为加大心理健康知识的宣传普及,在活动季期间邀请校外专家分别在中小学开展心理健康教育专题讲座,小学部邀请汪桂萍老师做"生命——最宝贵的礼物"专题讲座;中学部邀请牛燕华老师做"筑青春防线,做快乐少年"专题讲座。两场讲座收效良好,同学们纷纷表示讲座为自己的成长提供了帮助。为了缓解教师的身心压力,我校运用慧嫡心理监测系统持续为教师开展脑波测评服务,邀请华东理工大学陈亮副教授面向全校教师和家长开展心理健康教育专题讲座:"如何快速识别和有效干预心理亚健康"。

活动5:团体心理辅导活动

结合学校的全员导师制工作,中小学分别开展团体心理辅导示范课。小学部薛海丽老师的"我和我的家人们"旨在给全体小学部导师如何做好专题辅导做了示范。中学部为了充分发挥导师团的育人合力,在已有导师专题辅导活动的基础上,精心组织开展了导师团团体研讨课"幸福实验室",这节课的教学方案由张若舒老师设计,课程实施由张若舒老师、胡瑶老师和六(2)班同学共同完成。活动的开展不仅有助于增强全员重视心理健康的氛围,也能提升导师们的心理辅导能力。

第四节　劳动教育:擦亮学生的成长底色

多年的学校管理实践让我深深认识到,校长既是学校劳动教育的组织者和设计者,也是劳动教育的参与者。苏霍姆林斯基说过:"在人的心灵深处,都有一种根深蒂固的需要,这就是希望自己是一个发现者、研究者、探索者。"

学校的劳动教育是素质教育不可缺少的组成部分,实施素质教育必须抓好劳动教育,换言之,没有劳动的教育是不全面的教育。不全面的教育就谈不上素质教育,两者是有机的结合体。切实加强劳动教育,努力把广大少年儿童培养成勤于劳动、善于劳动、热爱劳动的高素质劳动者,是党和国家对教育的根本要求,加强劳动教育是全面贯彻党的教育方针,落实立德树人根本任务的重要诉求。

中华民族历来就有热爱劳动的传统美德,并为此留下了不少脍炙人口的诗篇。如《国风·豳风·七月》是直接歌咏体力劳动的名篇,有:"三之日于耜,四之日举趾。同我妇子,馌彼南亩,田畯至喜!"再者,中国古代读书人还特别推崇"耕读"生活,向往既有精神生活的"一亩三分田"又有物质生活的"一亩三分田",这实际上就是既认同脑力劳动,又认同体力劳动。

劳动教育是五育之基。如果说德、智、体、美都分别指向人的品德、智力、体质、审美某种素质的培养的话,那么劳动并不只是某种素质而是一种社会活动,相应的劳动教育也不专门指向人的某种素质形成,而是有助于其多方面素质的养成。所以,五育融合的一个重要的综合性的基础是在劳动教育。正所谓"百闻不如一见,百见不如一干",劳动教育可以帮助孩子实现生活教育的理想和全人教育真、善、美、圣、健几个方面的和谐发展。

劳动教育与德智体美等教育有密切联系。劳动有助于良好品质的形成,有助于形成对集体、国家的义务感和责任心;锻炼孩子吃苦耐劳、克服困难的坚强意志;培养孩子良好的社会适应力,促进身心健康;劳动能培养孩子自立、自理、自强的独立生活能力和进取精神。劳动能促进孩子的智力发展。劳动可以改善呼吸、血液循环,促进生理的新陈代谢过程,调节大脑疲劳,有利于大脑发育。在劳动中,孩子双手的活动有益于左右脑的开发,促进逻辑思维和形象思维的发展,有助于提高学习能力。劳动还可以培养孩子的观察、分析、判断、创造能力和动手能力。劳动可使孩子学会生活,形成健康的人格。

劳动教育在五育中起着奠基作用。劳动教育不是一种独立的教育形式,能够把一切教育内容联结在实践之中,因此劳动教育要融合、渗透到德智体美的全过程中。知识教育以劳动经验为内容,是劳动教育的必然环节,劳动教育以知识教育为前提,是人生实践的现实表现;审美教育以知识教育与劳动教育为基础,是人生实践成功的体验;劳动教育与德智体美相互联系、相互作用,劳动教育对人类发展有重大意义,是社会主义教育的重要组成部分,在五育中起奠基作用,落实劳动教育,也是筑牢五育基础。

为全面贯彻中共中央、国务院《关于全面加强新时代大中小学劳动教育的意见》，教育部《关于大中小学劳动教育指导纲要（试行）》，落实《上海市学校劳动教育"十四五"规划》和《杨浦区关于全面建设"全国中小学劳动教育实验区"的实施意见》精神，落实立德树人根本任务，切实发挥劳动教育"树德、增智、强体、育美"综合育人作用，我校以"五育并举，全面发展"的育人理念为指引，将劳动教育融入校本德育"五彩生命"课程体系建设中，建立九年一贯制资源丰富、形式多样、机制健全的劳动教育体系。通过劳动教育、劳动实践，学生树立起校园主人翁、建设参与者的意识，展现多元才华，朝着最好的自己迈出坚实的步伐。

一、制定分段目标，引导学生明白劳动意义

劳动教育分学段目标。学校依据已构建的"五彩生命"德育课程目标对接的劳动教育目标及方式，实施分层和分阶段的劳动教育和训练目标：小低年级（1—2年级）以认识为目标，侧重劳动意识和习惯的养成和评价；小高年级（3—5年级）以热爱为目标，侧重培养劳动情感和个体基本劳动能力；中低年级（6—7年级）以珍惜和悦纳为目标，侧重培养创新意识和劳动合作能力；中高年级（8—9年级）以感知和运用为目标，侧重学生劳动精神和品质的培养和评价。

劳动教育分层内容。根据年级、学段不同和学生生理发育、心理状况、社会要求差异分层开展形式多样、内容丰富的劳动教育活动；其次做好活动过程管理，让每一个学生有事干、喜欢干、能干好，并对活动过程进行细致安排和对活动要求进行充分说明。

小低年级（1—2年级）——认识劳动。懂得人人都要劳动、劳动成果得来不易的道理。通过体会劳动的艰辛与乐趣，学会尊重他人的劳动付出，有主动劳动、积极参加劳动的愿望。完成比较简单的个人物品整理与清洗，自己餐具的清洗、整

理与收纳,以及垃圾分类、手工制作等劳动任务,参与简单的家庭烹饪。形成"自己的事情自己做"的意识,养成热爱劳动的习惯。

小高年级(3—5年级)——热爱劳动。懂得"一分耕耘,一分收获"的道理。体会劳动光荣、劳动无高低贵贱之分的道理,认识到美好生活离不开各行各业的劳动者。尊重劳动,尊重普通劳动者,初步形成热爱劳动的态度,能积极参加校园及社区公益劳动。完成简单的个人物品整理与清洗,居室、教室等卫生保洁,养成良好的个人清洁卫生习惯。掌握家用小器具的使用方法,具有家用电器使用安全意识和初步的器具保养意识。主动分担家务,协助参与家庭环境卫生清洁,能制作简单的日常饮食,初步学会简单的家务劳动技能,形成生活自理能力。初步体验简单的种植、养殖、手工制作等生产劳动,能规范地使用常用的劳动工具,对劳动过程中遇到的问题具有好奇心和探究欲望。

中低年级(6—7年级)——珍惜和悦纳。懂得"劳动创造财富","劳动来不得半点虚假","业精于勤荒于嬉"等道理。体会普通劳动者的光荣与伟大,树立劳动最光荣、劳动最崇高、劳动最伟大、劳动最美丽的观念。掌握家庭生活中常用的清洁与卫生、整理与收纳基本技能。了解家庭常用器具的功能特点,规范、安全地操作与使用。初步掌握基本的家庭饮食烹饪技法,制作简单的家常餐,进一步增强生活自理能力和家务劳动能力,初步具有家庭责任感。主动参加校园劳动,积极参加社区环保、公共卫生维护等公益劳动,进一步体验新技术支持下的现代服务业劳动,积极参与社区建设,提升劳动意识和劳动能力,增强公共服务意识,团结协作能力,珍惜劳动成果,初步形成社会责任感。

中高年级(8—9年级)——感知和运用。懂得劳动创造美好生活,认识到劳动是推动人类社会进步的根本力量,牢固树立劳动最光荣、劳动最崇高、劳动最伟大、劳动最美丽的观念。主动承担一定的家庭清洁、烹饪、家居美化等日常生活劳动,进一步加强家政知识和技能的学习与实践,理解劳动创造美好生活的道理,提高生活自理能力,增强家庭责任意识。适当体验木工、电子、陶艺、布艺等项目的劳动过程,尝试进行家用器具的简单修理,参与种植、养殖等生产劳动,获得初步的职业体验,形成初步的职业意识和生涯规划意识。参加校园保洁和美化,以及助残、敬老、扶弱等公益劳动,体验以自己的劳动服务他人、服务社区的自豪感和幸福感,初步形成对学校、社区负责任的态度。进一步增强公共服务意识,提升以自己的劳动创造美好生活的社会责任感。强化诚实劳动的劳动习惯和品质,初步具有为社会发展和国家建设付出辛勤劳动的意愿,形成不畏艰辛、精益求精、不断创新的劳动精神品质。

二、建设劳动课程,着力培育学生劳动素养

以"五彩"教育理念为引领,秉持"为了每一个学生全面且个性发展"的课程理念,对照标准,系统规划,依托气象,打造特色,探索实施"3‑4‑5"劳动教育课程。

"3"指聚焦劳动创新、劳动创智、劳动创造的"三创"理念,旨在课程设计、教学过程、达成目标等体现"三创"理念。

"4"指探索"四全"策略,即劳动教育课程全要素、全过程、全场域、全方位实施。

"5"指坚持"五育融合",擘画"五彩教育"蓝图,促进学生全面发展。

我校九年一贯劳动教育课程安排扎实落地,见表2‑8。

表2-8　上海市市光学校九年一贯劳动教育课程计划表

板块说明		公共项目				特色项目
课时数		12				6
年段	年级学期	劳动课程（项目） 实施内容（任务群/主题）				劳动课程（项目）开发内容
小学	一年级上	清洁与卫生/餐后谁的桌面最干净	整理与收纳/书包的整理	整理与收纳/课桌的整理	烹饪与营养/识蔬小达人（含蔬菜粗加工）	气象探险家 （通过阅读绘本、肉眼观察，认识感知气象基础；通过绘画、讲演等方式表达气象奥秘。）
	一年级下	清洁与卫生/我会洗小餐具了	传统工艺制作/造纸	传统工艺制作/染纸	农业生产劳动/蚕宝宝的饲养	
	二年级上	清洁与卫生/垃圾分类我知道	整理与收纳/衣物的叠放	整理与收纳/床铺的整理	烹饪与营养/果茶的制作	
	二年级下	清洁与卫生/学扫地	传统工艺制作/折纸	传统工艺制作/母亲节贺卡	农业生产劳动/水培绿豆芽	
	三年级上	整理与收纳/教室的整理	现代服务业劳动/报刊投送员	传统工艺制作/剪窗花	烹饪与营养/制作新春果盘	气象研究员 （通过观测、记录，比较二十四节气的气象特征和变化，理解中国古人因时而作的智慧，树立环保意识；通过制作简单的气象观测仪器，如温度计、气压计等，以及设计制作气象盲盒等文创作品，掌握劳动技能，学会合作；通过
	三年级下	清洁与卫生/教室卫生打扫	公益劳动与志愿服务/校园小雷锋	家用器具使用与维护/电饭煲的使用与维护	农业生产劳动/小番茄的种植	
	四年级上	整理与收纳/书柜整理	现代服务业劳动/场馆小讲解	传统工艺制作/做灯笼	烹饪与营养/元宵的制作	

年段	年级学期	劳动课程(项目)实施内容(任务群/主题)				劳动课程(项目)开发内容
	四年级下	清洁与卫生/校园的清洁	公益劳动与志愿服务/课间休息文明岗	家用器具使用与维护/吸尘器或扫地机器人的使用与维护	农业生产劳动/薄荷的种植与养护	参观气象博物馆,体验博物馆讲解员和校园气象站介绍员等活动,培养认真负责、持之以恒、吃苦耐劳、精益求精、追求创新等劳动品质与精神。)
	五年级上	整理与收纳/换季衣柜整理	现代服务业劳动/气象盲盒设计与制作	家用器具使用与维护/微波炉或烤箱的使用	烹饪与营养/面包的制作	
	五年级下	传统工艺制作/木版画	公益劳动与志愿服务/午餐管理文明岗	工业生产劳动/电动小车的设计与制作	农业生产劳动/盆栽向日葵的种植与养护	
初中	六年级上	整理与收纳/家庭厨房的整理	传统工艺制作/布艺小件的设计与制作	传统工艺制作/中国结的编织	农业生产劳动/水仙花雕刻及养护	气象科学家(通过气象科普、气象应用、气象与环境课题探究等课程模块,懂得劳动创造财富是推动人类社会进步的根本力量;体会劳动人民的光荣与伟大,树立劳动最光荣、劳动最崇高、劳动最伟大、劳动最美丽的观念。体验种植、
	六年级下	家用器具使用与维护/洗衣机的使用与维护	公益劳动与志愿服务/图书管理员	工业生产劳动/木板材质笔筒的设计与制作	烹饪与营养/鸡蛋三吃	

年段	年级学期	劳动课程（项目）实施内容（任务群/主题）				劳动课程（项目）开发内容
	七年级上	工业生产劳动/手机支架的设计与制作	新技术体验与应用/铭牌的3D设计与制作	传统工艺制作/篆刻拓印	烹饪与营养/水饺的制作	手工制作等生产劳动，体会运用所学分析和解决实际问题的过程；参与场馆讲解员等职业体验，初步形成职业意识，增强公共服务意识和社会责任感。在集体劳动中团结协作，提升与他人合作劳动的能力，初步养成持之以恒、诚实劳动的品质，培育不畏艰辛、锐意进取、精益求精、不断创新的精神。）
	七年级下	现代服务业劳动/上海一日游线路设计	新技术体验与应用/电脑绣花	传统工艺制作/中草药香囊制作	农业生产劳动/多肉小景	
	八年级上	整理与收纳/行李箱的整理	工业生产劳动/音乐门铃	新技术体验与应用/创意木工激光切割	烹饪与营养/八宝饭的制作	
	八年级下	家用器具使用与维护/电灯故障的判断与维修	新技术体验与应用/智能家居设计与制作	公益劳动与志愿服务/火灾隐患与救援宣传	农业生产劳动/美化校园的微景观规划	
	九年级上	工业生产劳动/大众汽车＋职业体验	新技术体验与应用/现代汽车制造	公益劳动与志愿服务/社区议事员	农业生产劳动/淡水鱼的养殖	
	九年级下	家用器具使用与维护/空调的清洁与保养	新技术体验与应用/探风云计划，悟永续发展	现代服务业劳动/智能导医（购）	烹饪与营养/定制学生营养午餐一周食谱	

三、丰富劳动实践,使学生在实践中学会劳动

开展丰富的劳动教育主题活动,将劳动习惯、劳动品质的养成教育融入校园文化建设之中。设计自我服务、家务劳动、公益劳动以及技能培养四个板块,以提高学生的主观能动性,发挥整体育人价值,培养学生既动脑又动手,爱学习会创造。

校园岗位服务。坚持把日常的岗位劳动、自我服务劳动当成贯彻劳动教育持续性原则的途径。一二年级以自我服务为主,打扫教室、整理课桌、整理书包等,三至五年级安排了值勤周劳动,轮到的班级学生负责校门值勤、升旗、打扫校园清洁卫生、检查餐盘摆放等,另还有图书整理、光盘行动、垃圾分类等劳动,通过日常校园劳动培养学生知行合一,养成劳动好习惯,从中收获自信,建立责任感。

中学部则是以学生社会实践平台作为载体,以岗位制推进劳动教育。每个年级有值勤周劳动,制定值周保洁岗;每个班级午餐时,学生协助老师一同管理,制定午餐管理岗;每个班级设有行为示范员岗,做好榜样的同时,督促同学们规范行为;七年级每天中午都会轮流去图书馆进行劳动,制定先锋图书管理岗。

蔬果基地种植。"一亩方田"蔬果教育实践基地经过改建有了全新的面貌。每个年级认领一块田地,分别种上了青菜、萝卜等。日常负责为植物浇水、除草、施肥,并记录它们的成长过程,等菜宝宝们长大,孩子们可以收获成果,并带回家做成菜肴,真是一举两得。孩子们在蔬果基地劳动过程中体会劳动的不易、收获的快乐,体验到劳动创造美好生活。

主题劳动教育。一是开展"品传统之乐,享劳动之趣"活动。将传统文化与劳

动教育紧密结合，开展了"品传统之乐，享劳动之趣"活动。学生在实践过程中，既增进了对春节、元宵节传统习俗的了解，感受到传统文化的魅力，又体会到劳动的乐趣，家庭的温暖，感悟到美好生活靠劳动来创造。二是开展"'锋'姿飒爽，'慧'动校园"活动。结合学雷锋日，开展了'锋'姿飒爽，'慧'动校园"学雷锋周活动。通过"慧劳动·爱校园""慧劳动·爱社区"等一系列实践活动，与社区合作共建公益劳动，在校园认领服务岗位，引领学生学习雷锋志愿服务的精神，以自己所能，为祖国、为人民服务，树立劳动观念，养成劳动习惯，学习劳动技能，争做学雷锋好少年。三是开展"争做新时代好队员"活动。结合"六一"节，开展"争做新时代好队员"主题活动，邀请全国劳模、五一奖章获得者，庆祝中华人民共和国成立七十周年纪念章获得者，新疆石河子邮电局电信科原支部书记——赵兰英老师演讲。赵老师讲述了自己为保护国家财产勇斗歹徒的事迹，还与同学们亲切互动。同学们表示将把劳模当成一面镜子，时时对照自己，明确目标，提升本领，从平凡小事做起，在自己的岗位上散发耀眼的光芒。活动最后，表彰了一批优秀社团学员，以及在劳动教育系列活动中表现突出的"自理小达人""创新小达人"。希望同学们能见贤思齐，争做崇尚劳动，热爱劳动的新时代好队员。

还有"夏日冰饮制作""课桌美颜行动""探究家务小窍门"等主题活动，所有主题活动的开展发挥了学校教育主阵地作用，充分利用了学校具备的各种资源，并拓展家庭劳动资源，整合校外社区资源，学校与家庭、社区携手共育，为学生的劳动学习创造更多更有利的学习条件，满足了学生多样化劳动实践需求。

学校充分发挥了劳动教育在育人方面的重要作用，引导学生在劳动实践中树立劳动意识，习得劳动技能，养成劳动习惯，体会到劳动才能创造美好生活，使学生的德智体美等综合素养得到了提升。

四、实施多元评价，引导学生养成劳动习惯

依托参与劳动教育"七大体系"《评价体系》项目的实践与研究，构建内容多维、方法多样、主体多元的劳动教育评价体系。学校根据不同的劳动内容和方式，适配不同的劳动评价指标，如劳动知识技能、劳动观念、劳动习惯和品质、劳动精神、劳动成果或劳动过程表现等。重视平时表现评价与学段综合评价结合，定性评价与定量评价结合。以教师评价为主，鼓励学生、家长、社区等参与到评价中。学校借助信息化劳动教育评价平台，打通家校协同教育的渠道，以评价为导向，促进学生劳动素养的养成。

评价基本原则。将劳动素养纳入学生综合素质评价体系，制定评价标准，建立激励机制，组织开展劳动技能和劳动成果展示、劳动竞赛等活动，全面客观记录课内外劳动过程和结果，加强实际劳动技能和价值体认情况的评价。

导向性原则。把握育人导向，把准劳动教育价值取向，引导学生树立正确的劳动观：崇尚劳动、尊重劳动，增强劳动意识，培养劳动习惯，强化劳动实践。以核心素养为导向，关注核心素养四个方面的发展状况以及在劳动过程中的体现。通过评价的积极引导作用，促进劳动育人价值的实现。

发展性原则。发挥评价的反馈改进功能，促进学生认真参与劳动学习与实践，改进教师教学安排。教师要着眼于学生劳动过程的动态发展，充分肯定学生在劳动中的进步，正确对待劳动中出现的问题，鼓励学生不断改进提高。

系统性原则。应整体、系统地进行评价，并贯穿学习始终。发挥教师、家长和学生等多元主体评价作用，依据学生年龄特征和学习特点，制定循序渐进的评价

目标。注重过程性评价与结果性评价相结合，兼顾家庭劳动实践评价与社会劳动实践评价，采用多样化评价方式，如项目实践、交流对话、技能测试等，持续地反馈信息。

评价工具与方式。在劳动中，教师引导学生主动参与评价，不断激励学生的劳动热情，自觉端正劳动态度是取得良好的劳动效果的重要保证。为落实"家校社"协同的九年一贯制学校劳动教育评价，借助数字化平台提供日常性评价、过程性评价、阶段性评价三类评价方式。为方便全校师生及家长使用平台，劳动教育评价平台可嵌入至学校微信公众号。

常态化评价。一是学生自评。在劳动中，要求学生随时检查自己做到了没有，做得对不对，与要求有多大差距，随时做到自我调整。二是学生互评。学生相互间的启发帮助，比教师一个人面对全班同学考虑得更周到、细致。三是家长参与评价。对于生活自理方面的劳动，学生在家的实践由家长给予评价。四是教师评价。在上述的基础上，再由教师对学生作全面的评价，重点放在总结经验，并明确下一步的努力目标。

日常性评价。主要根据学生校内劳动的表现进行评价，平台可以支持校内劳动日和岗位劳动评价两种。

过程性评价。主要围绕活动开展，对学生家庭劳动和社区劳动的表现进行评价，一般采用等第制评价。活动分为两种：一种是学校设计的劳动活动，一种是学生自发的劳动活动。

阶段性评价。按学年学期为单位，平台提供劳动教育阶段性评价——学生劳动教育成长电子档案，用于汇总学生的劳动教育评价。

第五节　家校共育:绘就学生成长的"同心圆"

著名教育家苏霍姆斯基说过:"只有学校教育而没有家庭教育,或者只有家庭教育而无学校教育,都不能完成培养人这一极其艰巨而复杂的任务。"孩子是社会的未来,家庭的希望。校长和学校想让每一个孩子都能适应未来,都能做一个对社会有用的人。教育有全方位、综合整体的考虑和设计。尤其是家庭教育和学校教育更需要紧密而有效的配合,两者之间,任何一个方面的缺位或不足都会在学生身上产生明显的负面效应,影响教育效果。家庭是孩子的第一所学校,父母是孩子的第一任老师,家庭教育是整个教育的基石,对孩子的健康成长有着重大的影响。学校是学生接受教育的重要场所,其拥有规范的管理、专业的师资、丰富的设备设施……所以学校教育是核心,对孩子的成长起着关键作用。只有二者有机结合,才能形成教育合力。

我在长期的教育实践中,充分认识到家庭教育的重要性,坚持把做好家庭教育指导作为促进学生健康成长和全面发展的重要举措,学校的家庭教育指导以五育并举教育理念为指引,融入"五彩教育"校本特色,通过健全机制、共建共治、丰富形式、创新载体等途径,推动家校教育工作科学、规范、健康发展,促进学生的全面成长。

家庭教育对一个人的启蒙、成长、成才有着不可估量的作用,家长的人生观、道德观和价值观都会对孩子成长产生极为深刻的影响。中国自古以来,孟母三迁、岳母刺字、画荻教子等故事耳熟能详,诸葛亮的《诫子书》、颜之推的《颜氏家训》、朱柏庐的《治家格言》等伦理历历在目，毛泽东、周恩来、朱德等老一辈革命家对子女后辈的谆谆教诲影响深远，他们用最朴实、最真切的言行践行着他们优良的家教、家风。

著名儿童教育家陈鹤琴在《家庭教育》一书中写道："家庭教育是振兴中华民族的希望，是整个教育的基础，关系到国家的命运。"他认为家庭教育应尽快摆脱家庭的束缚，树立为国教子的大教育观。教育家陶行知说过："婴儿出世后，仅仅取一个名字是不够的，要想婴儿成家立业，必定要用尽心血去教他，养他才行。"高尔基也曾说过："爱孩子，这是母鸡也会的事，可是，要善于教育他们，这就是国家的一桩大事了，这需要有才能和渊博的生活知识。"这表明，在家庭教育上，家长不仅要花精力、花时间、费心血，更要掌握系统、科学的育儿方法。

在管理中发现家庭教育存在着误区和缺位。一是既然把孩子交给学校，教育的责任就理所当然在学校。不少家长没有意识到家庭是孩子人生的第一所学校，没有意识到自己首先就是教育者，是孩子的第一任老师，没有把自己的素质和教育孩子联系起来，在家庭教育中，常常是关注孩子素质的多，关注自己素质的少；对孩子提出的要求多，对自己提出的要求少；指责孩子过错的多，反思自己行为的少。二是只需关心孩子的衣食住行和学习成绩，其他方面可以忽略不计。在教育孩子过程中，关注文化素质的多，关注道德素质的少；关注身体素质的多，关注心理素质的少；注重结果的多，注重过程的少；注重物质投入的多，注重情感投入的少；期望过高的多，注重实际的少。这充分说明学校与家庭、老师和家长没有形成一种联系制度，学校教育和家庭教育没有成为一个整体，家庭教育责任严重缺位。教育好孩子单靠学校和教师是不够的，只有学校和家庭、教师和家长协调一致，才能形成教育的合力，避免形成教育真空，使孩子在学校在家庭都能得到良好的教育。

近几年,学校积极投入家庭教育指导的研究和实践,作为上音集团家庭教育集团成员校,以实践总结和案例分享等方式共享工作经验;以"劳动评价"体系建构的研究为契机,构建"家校社"三位一体的、连贯递进的劳动课程和评价体系;同时作为区域全员导师制项目研究领衔校,以"全员育人"的育人理念为指引,提升家庭教育指导的针对性和实效性。学校在家庭教育指导工作上取得了一定成效,先后被评为杨浦区文明校园、2018—2022杨浦区行为规范标兵校、2018—2020杨浦区德育工作先进集体、上海市心理健康教育达标校、上海市安全文明校园和上海市杨浦区家长学校达标校等荣誉称号。

一、建立机制,营设家校共育样式

统筹规划明确责任。学校将"落实家庭教育指导"工作纳入《上海市市光学校"十四五"发展规划》《上海市市光学校全员导师制实施方案》《上海市市光学校家长督学制度》及每学期的学校计划及德育工作计划中,做好顶层设计,落实研讨决策,指导检查,师资培训和家、校、社协同育人等相关工作,保障家长参与学校办学活动和管理的权利,全面规范和推进家庭教育指导工作。

学校建立了纵横交织的家庭教育工作管理网络,由党支部、校长室牵头,纵向由分管校长负责,德育部落实,横向由学段分层实施。学段长全面负责并深入学段指导,实施分层和分阶段的家庭教育指导工作,深化学段式家庭教育管理模式,初步形成具有我校特色的家庭教育管理体系。

规范制度保障实施。学校实行书记校长负责制的家庭教育工作管理方式,建立了以书记校长为主要责任人,分管校长牵头,由德育主任、学段长、家长督学和社区代表共同参与的家庭教育工作领导小组,定期召开专门会议,明确工作职责,组织学习、研讨、分析,找准我校家庭教育中存在的问题,探讨解决问题的有效途径,并做好经验交流和总结反思等,有效指导学校家庭教育工作。

学校成立由德育部、教学部、心理室、学段长、班主任和家长督学组成的家庭教育指导骨干队伍,负责落实领导小组制定的目标和任务,确保各层面家庭教育指导工作的有效开展。

学校将家庭教育指导服务计入教师工作量,以全员导师制家访工作,导师团家庭教育指导情况及课题研究实施和案例研究分享等情况,纳入教师年度考核,激励教师积极参与家庭教育工作。学校积极建立"家、校、社"家庭教育协调共建机制,充分利用区教育系统心馨家园、关工委、区学习办等部门提供的优质资源,主动与街道社区学校合作,组织家长聆听线上线下家庭教育指导课程和参与亲子活动,更新家庭教育观念,改进家庭教育方式。

分类研训促进发展。我校组织开展全体教师培训,加强家庭教育理论知识学习。借助专家讲座、集团交流、校本培训、教师论坛等,呈现家庭教育、家校沟通中存在的各种问题,指导教师们用有效的方法解决问题,学习家校沟通的语言艺术,提升教师的家庭教育专业能力。

学校尤其重视班主任队伍的家庭教育能力培训,每两周开展一次"相约周一课堂"班主任主题沙龙活动,通过名师引领、研讨交流、情境模拟等培训方式,旨在认真履行家庭教育指导职责,形成一支高素质的、能有效开展家庭教育指导的班主任队伍,提升家校协同育人能力。开展的主题活动包括主题讲座《全员导师制背景下家访的正确打开方式》,读书活动《我的错都是大人的错》,主题研讨《如何做好家庭教育合伙人》等。同时,学校以全员导师制"导师团"构建为契机,开展导师团研训活动,就班级实际情况开展家庭教育指导的共研,给出具体的家庭教育建议和做法,切实提升育人成效。

学校邀请家教有方的家长利用家长学校或家长会,分享交流孩子劳动习惯养成和学习习惯培养的做法,以家长同伴的力量起到相互影响和学习的作用。

二、共建共治,架设家校互动桥梁

家校合作携手共育。为了确保我校家庭教育工作有序深入开展,在校长室指导下,由德育部负责,我校建立、健全了学校、年级、班级三级家长委员会网络,并聘有家长督学。家长委员会由每个班级选出的家长代表组成,同时每个年级从家长委员会成员中民主推选出一名家长督学。学校制定了《市光学校家长督学制度》,构建家校合力新机制。家长督学挂牌上岗,可以随时进学校通过观课、巡视校园等方式直接参与学校监督、检查、指导、评价及管理工作。

家长委员会是学校联系家长的桥梁和纽带。学校定期召开家长委员、家长督学会议,共同探讨学校管理工作、教育举措等,实现双向交流,互动了解;定期邀请家委会成员一起观摩校园教育教学活动,如校园艺术节、校园开放日等;邀请参与校园设施建设监督,如参与校服征订商讨、学生餐食满意度调查、监督暑期校园施工情况和参观学校食堂等。家委会成员利用微信或家长讲座等方式,为家长们提供家庭教育信息,收集家长意见和交流育儿经验,学校通过家委会了解家长的需求,听取家长的意见,并有针对性地为家长提供多样的家庭教育指导服务。我校发挥了家长委员会的积极作用,做好有序化、常态化、制度化,促进了学校教育教学质量的提升。

专业引领助力发展。我校的家长学校以德育部、教学部、心理室、学段长、班主任和家长督学组成师资核心力量,通过个别交流、导师团家访、实践活动、亲子活动、主题讲座等形式,结合不同学段学生身心特点及热点问题,实施家庭教育指导,内容涉及幼升小、小升初适应教育、学生青春期心理健康教育、行为习惯养成、劳动教育和家有考生家庭教育指导等,做到有计划,重过程;有记录,重反思。学校每学年的"家长学校"的开展次数不少于六次,家长参与率达99%以上。

除校内核心团队开展家庭教育指导外,学校也注重补充校外专业师资力量,每学期会邀请市区级家庭教育专家为我校家长开展不同主题的家庭教育指导工作。如在过去的2022年,学校曾邀请华东理工大学商学院副教授、心理卫生协会认知行为治疗专业委员会正念学组委员陈亮博士为家长做专题报告,引导家长帮助孩子干预负面情绪,收到了非常好的效果;引导家长转变劳动教育观念,提高对劳动教育的认识和重视;邀请杨浦区未成年人心理健康中心胡菁老师开展《孩子的需求成长的动力》专题讲座;邀请杨浦区未成年人心理健康中心汪桂萍老师做主题为《生命最宝贵的礼物》的讲座;组织家长观看暑期"家校共育,立德树人"家庭教育公开课等。

家校互动护航成长。现代教育强调培养学生德、智、体、美、劳全面发展,强调心理的健康成长,强调综合素质的提高,这就需要举全社会之力,营造良好的教育环境,家校共育就是必然的选择。

坚持全员家访,促进家校有效沟通。学校坚持每年寒暑假对全体学生进行全员家访,班主任及学生导师以线上线下相结合的方式,深入学生家庭,与家长交流学生在家、在校的生活情况,指导假期或新学期规划,关心学生身心健康,与家长探讨培养学生好习惯的方法等。在日常教育教学活动中,老师们也会根据孩子的实际情况经常与家长做好沟通工作,或是线上,或是走访,或是请家长来校等,保持沟通渠道畅通,家长和学生切实感受到了学校、老师对学生家庭的关心关爱,拉近了彼此的距离,增加了彼此间的信任,共同助力学生成长。

定期开展家长会议,加强家庭教育指导。为架起家校协同的桥梁,优化教育教学效果,我校定期召开家长会及家委会,为学校、家长和老师搭设了长效交流平台。家委会上,学校以工作汇报、主题讲座等方式,使家长了解学校教育教学工作的开展情况和学生的在校情况,比如在《少先队分批入队工作会议》上,向家委会宣传了我校少先队分批入队的实施方案,并征询了家长的意见。家长会上,德育部向家长宣讲"五项管理"和"双减"政策,也请家长监督学校的实施情况,有问题及时反馈;做好校内外卫生健康安全教育宣传,与家长携手共同护航学生成长等。中小学专职心理教师针对不同学生孩子的心理特点,在家长会上为家长和学生带来开学前心理调适、情绪管理好方法,指导家长如何了解孩子的需求,营造温馨家庭时光,为孩子成长助力。班主任、任课老师在班级家长会上与家长沟通交流,分享有效的家庭教育经验。每学期结束的家长接待活动,邀请学困生、行为偏差、特殊学生等家长个别座谈,一对一指导,使家长掌握因材施教原则,能针对自己孩子情况有的放矢地实施教育。

邀请参与校园活动,拓宽家校沟通渠道。学校定期向家长开放,邀请家长走进校园参与学生的仪式教育,在线教育教学期间,邀请家长进入腾讯会议在线观摩,如"争章仪式""入队仪式""开学典礼""十四岁生日""毕业典礼"等,寄语孩子,促其成长。一年级每月向家长开放,家长可以巡视校园、观摩课堂、参与亲子运动会等,了解孩子学校生活的点滴。邀请家长一起参与线上教学观摩,参与课堂评价。校园开放日一到六年级家长共同参与,在线期间通过校园网了解丰富多彩的校园生活,见证孩子的成长,使家校沟通更畅通、更有效。学校也开展形式多样的亲子活动,如家长和学生一起参与"以创为翼,尚劳溢美"活动中的"云端夜读荟"亲子活动;一起参与校园读书节活动,以书籍为媒介,以阅读为纽带,增进亲子情感交流,提高思想认识;居家期间,开展"居家不居'心',一起来运动"活动,家长和孩子一起开展适合居家的运动,保持健康的身心;学校建立了"微光"家长志愿者服务队,联合教工团及学生雏鹰志愿者服务队共同参与学校创建文明校园和区域创全工作,用行动为孩子作出了良好公益劳动的表率;平时很多家长忙于工作,少有时间带孩子外出,我校精心组织红色之旅、志愿服务、人文行走实践活动等,小手牵大手,家长和孩子共同参与实践活动,建立互动、信任的交流平台,增进了亲子感情。

聚焦劳动教育,创建协同育人载体。我校坚持以学生为主体,以学校为主导、家庭为主阵地,家校携手共同开展劳动教育。学校从家长对家庭劳动教育意识转变做起,德育部通过家长会强化学生劳动能力培育的重要性,邀请家长交流家庭劳动教育经验,组织聆听劳动教育指导专家讲座等途径,让家长对劳动教育有了新的认识,重视日常家庭劳动教育,掌握家庭劳动教育的方法,如我校邀请闵行区浦汇小学党支部书记兼校长张蕊博士为家长带来《家庭劳动教育》在线专家讲座。同时,学校秉持劳动教育就要"干"起来的理念,以做好劳动教育课程设计和精心制定实践活动方案为前提,组织动员家长共同参与。如居家学习期间,家长和孩子有了更多的共处时间,正是学习家务劳动的好时光,我校开展了《居家不居'心',一起来劳动》活动,倡导学生向家长学习一至两项家务劳动技能,并积极在线上打卡,感受与家人一起劳动、一起分享的喜悦。每年寒暑假,开展假期劳动教育,如暑期家务劳动小窍门探究活动,社区志愿劳动等;邀请有种植特长的家长进校园,指导学生开展种植活动;学校也在劳动月邀请家长代表参与家长劳动大讲堂和班级劳动教育班会,从"职业人"视角为学生讲述劳动的意义,开展职业生涯教育。家长积极参与到劳动教育过程中,并对孩子的劳动实践情况进行评价,体会孩子的成长。家校携手共同开展劳动教育,帮助学生树立了正确的劳动观,掌握了劳动技能,培养了劳动习惯。

发挥新媒体优势,赋能家校沟通策略。学校使用微信、QQ、钉钉等信息平台成为家校沟通的常用手段,优化传统沟通方式,使家校沟通联系更便捷,但也带来了一些问题。针对班群交流会出现内容偏离、攀比、广告等问题,及家校双方可能会出现无事不沟通,有坏事才沟通的现象,我校首先对全体教师进行了培训,制定了我校家校沟通微信公约,指导班级群的使用、与家长个别沟通的方法等,规范与畅通网络交流渠道。在线教育教学期间,新媒体的优势更是明显。学校与家长分享学校管理和运行的信息,帮助家长认识学校,促进了家长发挥家庭教育主体责任。为家长提供了丰富的网络学习资源,比如关于爱眼、护眼的知识宣传,安全教育宣传等。班主任在此期间,通过新媒体与家长沟通孩子学习的情况,一步步耐心指导不会使用腾讯课堂的家长和学生;对居家学习和生活有困难的家庭进行持续性的关心关爱;开展家长访谈,充分了解在线教育的优势与不足,促进学校及时调整与改进。学校充分利用好学校公众号、学校网站和校门口大屏幕等平台作为家庭教育指导的媒介,及时传递学校教育信息,开展行为习惯养成、心理健康教育等方面家庭教育指导工作,树立家长正确的教育观,改进教育行为。

重视家长反馈,建设家长满意学校。通过预备年级家庭情况调研,家长办学质量、课后服务及全员导师制实施满意度调查、家长访谈、家长委员会和家长督学意见反馈等渠道,及时了解并跟进家长需求,做好反馈和调整。

参与社区活动,搭建家校社育人平台。积极组织家长参与殷行街道举办的家庭教育指导讲座,如"教子有道"杨浦社会大学堂,暑期线上"一点学堂"亲子讲座,新生入学亲子讲座等,并以家长观后感等形式反馈活动收益。

三、创新载体,形成家校合作格局

学校将劳动教育作为家校长效协同育人的载体,进行课程及评价体系的架构和实施,突破劳动教育家庭壁垒,转变家长"分数至上"的育儿偏见,促进学生全面发展。根据学生发展与学校劳动教育课程建设的需要,学校正建构具有学校特色的九年一贯制劳动教育课程及评价体系,课程评价体系的建构将从校外劳动、校内劳动和家务劳动三大类劳动着手,丰富劳动教育的内容和途径,构建家校社联动的劳动教育共同体,促进学生劳动意识和习惯的养成,提升劳动素养,切实发挥劳动教育综合育人作用。

学校参与了以家庭教育指导为主要研究内容的区域重点课题《生命教育视野下全员导师的区域实践研究》,将导师团工作的开展作为研究着力点,通过对"成为学生的良师益友"和"做好家庭教育指导"两个基本任务的探究,促进家校协同,助力师生的发展,此课题已于2022年底顺利结题。学校以全员导师制的实践研究为抓手,以全员性、针对性家庭教育指导为突破口,开展提升家庭教育工作实效的探索和实践。我校每学年开展一次家庭教育指导需求的调研,并结合学生年龄段的身心特点和家长反馈的教育重难点来指导学年家庭教育工作的开展,学校导师团则会针对学生的实际情况,进行教研,制定一对一家庭教育指导措施并跟进实施。

这几年,学校通过课题引领、专家指导和各类家庭教育指导实践活动,家长树立了正确培养全面发展学生的教育观,能用新的理念教育和转化孩子,能合理规划孩子的学习和生活,能理智看待孩子的成绩、优缺点,家校之间沟通也更顺畅。学生在家校协同教育下成长更快、更健康,整体素质明显提高,精神面貌积极向上,形成了良好校风。学校也积累一定的经验,取得了些许成绩,如黄晓雨老师的论文《家校协同在劳动教育中的实践与对策》在第三届长三角家校合作高峰论坛评审中获三等奖;我校胡瑶、蔡琨、张若舒等数位老师的家庭教育指导案例被收录在上音集团《家庭教育优秀案例集》;胡瑶老师实施的劳动教育主题班会《宅家也能吃得好》获得2022年"生命·家国·责任"线上主题班会征集活动优秀奖等。同时,2021年学校德育课题《九年一贯制学校五彩生命课程的实践与研究》研究成果获杨浦区第十三届教育教学成果一等奖;2022年学校课题《基于初中学生综合素质评价背景下九年一贯制学校社会实践课程开发的实践与研究》获上海德育协会课题研究二等奖。

四、全员导育,彰显家校协同特色

随着"五彩德育"校本特色课程的完善,具有"市光"特色的家庭教育不断在市、区兄弟学校被借鉴。作为区域全员导师制项目组核心成员,学校领衔开展区重点课题《生命教育视野下全员导师制的区域实践研究——以初中为例》的研究与实践,以"做好学生的良师益友和家校沟通"为两项主要任务,将"导师团"构建的子课题研究作为导师制工作有序、有效开展的突破口,通过优化导师团匹配、建立导师团工作机制和研训制度等,提升导师育人能力和家校沟通能力,以教师的新型合作模式做到家庭教育指导的全员化和个性化。学校在区级层面多次进行工作总结和经验分享,徐劲潮校长在杨浦区中小学校长会议上做《"导师团"构建的实践与研究》主题报告,介绍学校"导师团"构建的策略和方法;6月10日"上海市师资培训中心"公众号发布《多措并举保障云端导育》一文,介绍云课堂期间学校导师如何开展全员化、个性化、亲情化的导育工作,从而携手家长及时关注学生居家行为习惯和身心健康。

近年来,学校与家长之间的关系更为密切,扎实的工作受到家长们的高度评价,家长对家长学校提供的家庭教育指导服务满意率达90%以上。家长们积极关注学校的发展,主动为学校建言献策,提出了很多好的建议,推动学校工作进一步发展。今后学校将进一步结合学校五彩教育特色,继续深化家庭教育工作的实践研究,提升本校师资专业能力,为家长提供更多优质的、形式多样的家庭教育指导,聚家校协同之力,助学生全面发展、健康成长。

第三章 在「五彩课程」上着手

课程是一个可延伸的触角。让课程更好地链接生活、链接活动、链接管理以及一切可能的要素，让学校课程纵横交错，能够真正"落地"，这是课程变革的关键手段。丰富的课程有利于学生的人格丰满，这是一个课程常识。如果把课程视为书本，学生可能会成为书呆子，如果把课程视为整个世界，学生就会拥有驾驭世界的力量。

许多校长都有这样的经历：谈到校长课程领导，大多数都认为校长课程领导活动的主体是校长本人，各种实践层面的研究也多从校长在课程领导活动中的某一侧面进行论述，如校长课程领导的功能、价值、角色、任务等，缺乏对校长、行政人员、教师以及与学校课程利益相关人员作为一个整体的研究，去系统地阐述他们间的关系，其背后实际上就是"自上而下"的领导哲学思想，简单地把校长手中的行政权力作为学校课程变革的推动力。笔者以为，从服务型领导的视角来看，校长课程领导的主体是以校长、行政人员、教师、学生、家长、社会人士等共同组成的课程革新团队，当然，团队人员需要视学校课程建设的成熟度而组成。校长的核心作用在于创建一种使团队每个成员尽心竭力地为课程变革成功而努力的环境。这样我们可以从习以为常的校长课程领导研究的思维定势中猛然回过头来，从校长课程领导能力不等于校长课程领导力，这个逻辑起点来讨论校长课程领导力的问题。

很多在学校课程领导上取得成功的校长，他们的显著标志是，靠自身领导能力不断将管理团队、教师以及与课程利益相关的人士吸引到课程变革的事业中来，靠调动教师的积极性去实现共同的课程变革的目标。从这个意义上说，校长课程领导力是校长与追随者相互作用的合力，是校长与团队为实现共同的课程目标而迸发的一种思想与行为的能力。用公式表示：校长课程领导力（合力）＝校长的能力＋团队的能力－阻力。在上面的公式里，校长的能力是一种特指，即校长在课程活动中凝聚人心的能力。校长凝聚人心的能力越大，追随他的团队的能力便发挥得越好，合力就越大，反之则越小。阻力是指在课程活动中阻碍合力发挥的不和谐因素，既有组织外部力量的干扰，也有组织内部人为的因素。因此，校长课程领导力的发挥主要是围绕着发掘团队潜在的课程能力，吸引更多追随者，同时不断克服各种困难和阻力而进行的。

校长个人能力很强，并不等同于增强团队能力，减少阻力。在校长课程领导力中，校长个人的能力固然重要，而且它也是校长课程领导力的现实内容和基础，但校长课程领导能力提高却不等同于校长课程领导力（合力）就增强。也就是说，校长个人能力强，其调动追随者积极性的能力强，就能够带领群众不断推动课程发展进步。但是也有相反的情况，如有的学校校长能力很强，但由于他在课程活动中过分倚重自己的能力，过分展示自己的才华，没有给追随者留下发挥的空间，就难以赢得追随者，甚至会失去整个团队的支持，从而丧失课程领导力。如果将校长课程领导能力的两种表现比喻为火柴与火炬，火柴虽小，却能使柴草燃成熊熊火焰；而火炬虽亮，没有后继者就总会有熄灭的一刻。因此在课程活动中，校长的真正价值不是展示自己课程的专业技能，而是怎样为组织提供"火种"，激发课程团队的潜在能力，这正是校长课程领导力的价值所在。所以，高绩效的校长课程领导力注重的是课程目标和战略的开发，是战略背后的对课程追随者力量的整合，是对课程追随者的授权以帮助他们排除各种障碍来实现学校的课程目标，是从"个力"走向"合力"的过程。

学校课程愿景的设立，乃是学校课程发展的首要步骤，因为愿景本身具有"驱动力"。学校课程愿景应当陈述学校课程未来的样貌，是学校关于课程创造的主张，是把学校全体成员衔接起来的共同的价值观。现实情况中多数学校的课程愿景是自上而下建构起来的，实行的是外部控制性管理，课程变革的形势要求校长领导团队从控制管理走向文化领导，从执行计划走向战略领导，要更加注重课程领导的全局性和谋略。学校课程愿景的规划主要依赖于校长的办学理念和教育哲学,但并不是由校长或少数几个人决定的,应该整合教师、家长、学生、社区的观点,通过真诚的沟通而达成共识,自下而上地建构起学校课程发展规划。要旨在于寻找课程建设追求与学校历史积淀、文化传统、办学理念、现有水平、资源条件之间的契合、传承与创新、明晰学校课程建设的方向和可能,规划出富有学校价值判断的课程体系。在课程设置上,要在国家和地方所提供的课程基础上开发具有校本特色的学校课程,为学生的发展提供适切性的课程,以培养具有个性特色的高素质人才。

校长无论多么有天赋,一个人是不可能单独完成好课程领导活动的,因为没有一个人具备课程领导的全部技能,也不会拥有课程领导的所有的好方案。唯一可行的是创建一个技能相互补充的课程领导者团队。学校应成立包括校长、教师、学生代表、家长、课程专家以及社区人士等共同组成的课程领导小组,共同制定适合学校本土情况的课程发展目标,界定课程领导的工作范围和职能。工作过程中,应使这一系统的成员全体参与、共同合作,形成整体化、组织化的、制度化的格局,而不能由校长一个人来完成。校长要有意识地打破教师在教学中的“单兵作战”的局面,创建学习型团队。同时,为了推进课堂层面的教师合作,应强调不同学科教师间的交流和切磋,可定期举办说课、观摩课及学术沙龙等活动,这对于学校层面的课程变革具有重要的意义,因为这样可以使得课程改革的积极参与者有自己的组织,他们可以在这个组织中发出自己的声音并进行积极的探索。需要注意的是,校长应当对团队成员充分授权,让他们像专家一样工作,不但让他们为解决课程问题而负责,而且让他们为获得持续的进步而进行不断的研究。这样即便校长不再指挥时,他们也能独立演奏,兼顾各方,并勇于承担责任,也会成为学校课程理念的最佳“传播者”。

现行的学校组织结构是一种金字塔式的垂直行政科层结构,校长处于金字塔的顶端,管理的层级是副校长、中层、骨干教师、教师、学生等,处于金字塔底的一线教师和学生,只能仰望那些占用了他们大量能量和时间的众多领导者。这样的组织结构往往依赖于校长的个人才能,行动起来就像由几匹不明方向的马拉动的马车,马车旁还有全副武装的护卫,同时驱车者还猛烈地抽打着马,因为马匹不清楚前进的方向。这样的组织结构显然不符合新课程实施的要求,仅仅依靠自上而下的行政手段,而没有教师参与的课程领导肯定不能给学校课程建设带来成功。校长课程领导的最终目的和归宿应是促进学生的发展,而学生的发展只有通过与其关系最为密切的教师来实现,教师的特殊身份决定了教师对课程领导的独特意义。教师参与课程领导能对课程、学生和学校的发展起到重要的作用。首先,教师参与课程领导能优化课程本身,他们可以贡献他们的实践知识,以确认哪些计划在课堂里是切实可行的,哪些是不可行的,从而提高课程的适切性。其次,教师在一定程度上参与课程领导工作,不仅会影响到课程设计的结果,而且也会影响课程实施的进程,从而影响到学生的学习结果。管理学泰斗阿尔弗雷德·钱德勒说过:"结构追随战略。"校长需重新设计课程发展所需的结构,优化后的组织结构体系应当基于超越教师、学生的期望水平来设计,体现服务学生和教师的目的。笔者所在学校对学校组织结构也进行了类似的优化,即把传统的正三角形结构转化成倒三角形,学生和教师处于倒三角形的顶端,而校长课程领导团队处于三角形的底端。这样的方式向大家传递着重要的心理效应,即位于三角形顶端的教师和学生是最重要的,校长和他的团队的职责就是支持顶端的人物。据此学校建立起扁平化、水平的课程领导组织,校长课程领导小组中的成员大多是各专题(项目)小组的组长,每个组长领导的成员基本上都在10人以上。这种水平化的少阶层的领导模式带来的明显好处是成员们感觉到自己是良好的组织中有价值的一员,他们处在一个彼此间相互理解的氛围中,发挥了集体的智慧,从而使个体及群体都得到发展。

课程改革与学校文化重建是相互依托、相互促进的互动关系。一方面,课程改革对学校旧有文化提出挑战,为学校文化重建提供契机,甚至还可以说课程改革本身也是学校文化重建的重要内容之一;另一方面,学校文化是课程改革的载体,课程改革的根本依托在于学校文化的重建。可以说,学校文化重建是课程革新最深层次的改革,因为文化虽然有时看不见摸不着,但时时能替校长团队实现约束力,学校课程改革更需要校长领导团队具有高度的文化自觉和实践能力,重点可从以下两方面入手。

学校教育的终极目标是促进人的自我实现及发展,因此学校文化重建的核心理念是突出"人"字,这也是学校文化重建的前提。这就要求在文化重建过程中突出"以人为本"而不是"以物为本";突出"人性化",而不是"非人性"和"反人性"的;突出"人文性"而不仅仅是"知识性"。"以人为本"的实现要立足"以校为本",要从课程发展中的矛盾、焦点问题出发,对学校进行"文化诊断",提炼出学校旧有文化中的精华,并以此重塑为学校"主流文化"。同时要密切关注学校的"亚文化",文化重塑就是弘扬主流文化和亚文化中的积极的一面,尽量消除"亚文化"中负面因素的影响。学校所有的创造性活动的目的都是学校教育能力和教育精神的建设,一切为了学校文化的提升,归根结底也是为了学生的发展。

构建与学校课程发展相适应的学校制度文化,校长把握的关键是要使学校由"藩篱"变成"家园",制度的设计要成为师生课程活动的"助推器"。要尽可能将课程决策权向组织结构的下层转移,让基层单位或成员拥有充分的自主权,并对产生的结果负责。要建设学习型学校,强调"全员学习""全过程学习"形成工作即学习,学习即工作,教学与研究互动提高的良性机制;强调"团队学习",即不但重视个人学习和个人智力的开发,更强调学校成员间的合作学习和群体智力的开发,强化组织成员彼此理解与支持、协调合作,使学校真正成为一个学习的共同体。校长特别需要注意的是,与课程实施不相适应的制度文化在学校中是普遍存在的,并且有可能起源于学校最初的成功,因此建立一个灵活的适应性制度文化是取得课程革新成功和实现校长课程领导力的必要因素。

要想实现校长课程领导力的最大化,除了尽可能地凝聚校内力量,减少内部阻力,还要尽可能地消除外部阻力。对于校外而言,要积极争取上级教育行政部门的全面性、一致性的支持,处理好上级部门对课程实施的共性要求和学校个性发展的关系。要有效沟通社区与家长委员会,并在如何进行课程发展上达成共识。处于课程变革之风口浪尖的校长绝不能充当变革路上的独行侠,一如骑着瘦马,拿着长矛与风车搏斗的堂吉诃德,孤独地走在课程变革之路上的学校必然遭遇失败。因此,要积极争取课程专家及学者的专业引领,建立基于伙伴关系的学校课程变革合作模式。总之,校长必须运用服务型领导技巧,使各式组织与团体起到应有的作用,将学校建成一个有凝聚力和持续性支持的共同体。

第一节　课程理念:贴近学生的心灵需求

课程理念是课程的灵魂,是在教育教学过程中,对于教育目标、教育内容、教育方法等方面的看法和想法。它是指导课程设计和实施的基本原则和思想,是课程体系的核心。

学校课程包括学科课程,也包括活动课程、实践课程,还包括与这些显性课程相对的隐性课程。活动、环境、文化等皆可为课程，这些元素的课程化建构更有利于提升其育人功能的实效。

多年来，我坚持把一体化的全方位顶层设计作为学校课程构建的指南针与路线图，在办学理念的引领下，绘制清晰的育人目标，明确课程构建的方向，以核心素养培育为建设课程的契机，以学习领域的划分带动课程的整合融通，构建兼顾学生身心特点和学科体系特点的课程体系，活动课程化让学校课程走向真实生活，开放共建让学校课程走向动态创新。

一、厘清学校课程建设的逻辑

学校课程建设是在不断解决学校现实课程问题的过程中得以展开和推进的，因而学校的现实课程问题应该是学校课程建设的逻辑起点。学校课程是学校教育教学活动开展的基本依据，也是学校教育目标实现的基本保证。随着课程改革的深入推进，学校课程建设已成为学校改革与发展的关键所在。学校课程建设是一个不断改造与否定学校课程的现存状况，趋向理想学校课程图景的过程。因而，学校课程建设只有遵循辩证逻辑，破除知性的思维方式，纠正偏执的立场和态度，才能取得预期的成效。为此，学校课程建设必须处理好继承与创新、现实与理想以及自由与规范之间的辩证关系。

学校课程建设是为了适应并促进学生的发展。问题在于，学生不是一种均质的存在，学校课程建设必须基于学生的个体差异这一客观事实。在日常的教学过程中，很多教师习惯于从教学方法的角度出发来应对学生的个体差异，却忽视通过从课程内容上为学生提供多样化选择的方式来加以解决。不可否定教学方法变革的重要性，但同一的课程内容确实不能切合和满足不同学生的实际和诉求，因而有必要为学生学习成长的不同需求做课程上的调适。学校课程建设的重点是要为不同的学生提供相切合的课程方案，即以差异性的内容促进每个学生的发展。在班级授课制依然作为主导教学组织形式的背景下，为每个学生都量身定制一套课程方案是有困难的。然而，在有限的时空条件下为学生提供尽可能多样的课程选择却是学校课程建设应该努力的方向。

二、建构贴近学生心灵的课程

市光学校秉持"为了每一个学生全面且个性发展"的课程理念，注重关注每个学生的个体特点和兴趣，旨在提供一个积极、支持和激发学生潜能的学习环境。

这一课程理念强调了学生的全面发展。意味着我们不仅关注学术方面的发展，也注重学生的兴趣爱好、身心健康以及社交技能等方面的培养。我们鼓励学生参与各种综合活动，如艺术、体育、志愿服务等，以培养他们的多元素养和发展潜能。

这一课程理念也强调了学生的个性发展。我们尊重每个学生的个体差异，鼓励他们发挥自己的独特之处，通过差异化教学满足不同学生的学习需求。我们鼓励学生参与自主学习和研究性学习，让他们在发掘知识和解决问题的过程中展示个人特长和创造力。

这一课程理念追求的是学生学习的主动性和自主性，以及培养他们在学习过程中的兴趣和乐趣。我们鼓励学生自主选择课程，参与课外活动，因此他们能够享受学习的过程，探索自己的兴趣和激发内在动力。

通过贴近学生心灵需求的课程理念，我们致力于为每一个学生提供一个温暖、支持和丰富的学习环境，并激发他们的潜能，让他们在学校获得全面的成长和发展。我们相信，只有充分关注学生的个性和需求，才能真正实现每个学生的全面发展，使他们在学习中快乐成长，为未来做好充分准备。

三、完善学校课程体系的供给

基于供给侧改革的视角审视学校课程供给体系建设，从供给的目标、范围、内容与形式等方面厘定其结构特征，以提高课程供给结构对学生需求变化的适应程度。学校课程的整体构建，在以素养为导向、确保学生关键能力和必备品格培养的基础上，尊重学生的个性化特点和多样化发展需求，为每个学生提供更适合的课程。国家课程以学科内部多元板块、多种层次并行实施，校本课程以不同种类、可选择为主实施。在学校课程理念引领下，学校课程供给体系建设指向三个向度：

一是高质量实施国家课程。严格执行国家《义务教育课程方案》，开齐开足开好所有规定课程，推进"双新"落地，促进中考新政下教与学育人方式的变革，实现减负增效，同时推进以素养为导向的学生综合素质评价。

二是高品质实施校本"五彩课程"。我们以"丰富、适切、开放、自主、共生"为特征，致力于对"五彩课程"育人目标、育人载体、育人空间、育人价值、育人方式、育人评价的融合创新，促进每个学生的全面发展和个性发展，让每一个学生的梦想都拥有亮丽色彩。

三是高实效建构课程供给机制。我们以优质多元的课程资源为支撑，以育人发展为课程供给目标，以学校内部为课程供给范围，以社会资源为课程供给内容，以实践活动为课程供给形式，整体构建学校课程体系，主动地看待可能影响学生成长的各种元素，有计划地以课程视角主动吸纳积极构建，延展课程生命。以学校课程文本编制为抓手,进一步立足于校本特色,着力通过国家课程的高质量实施,完善并发展"五彩课程"体系,实现学校课程设置类型的多元化和层次化,以及课程内容的综合化。通过精心编制和实施课程文本,我们推动学校课程制度的完善,建立起课程与教学工作的有效管理运行机制,提升学校课程资源的丰富性与运用程度。同时,积极推进综合实践活动和项目式学习,形成创新的课程开发与实施模型。我们还致力于打造学校的科技特色与劳动教育品牌课程,以培养学生的创新精神和实践能力。

【我的手记】确立课程建设的总体原则

课程理念是学校对课程的理性认识以及在此基础上所形成的对课程的价值认同和追求。课程理念主要回答为什么会有课程、什么课程是有价值的、学生怎样学习、使用什么方法和课程内容是什么等问题。学校坚持以学校的办学理念和教育哲学为引领,以课程哲学为指引,根据国家课程建设的原则,结合学校课程的实践模式,明确学校课程建设的总体原则,不仅呈现课程的育人功能定位和内容特征,也呈现课程实践的价值主张和文化特性。

第二节　课程目标:核心素养的校本落地

《教育部关于全面深化课程改革落实立德树人根本任务的意见》中,明确提出将研制学生发展核心素养作为落实立德树人的关键领域之一。2022 年颁布的义务教育课程标准中,各学科凝练出本学科在义务教育阶段要培养的核心素养以及基于核心素养内涵建构的课程目标。

在 2001 年启动的基础教育课程改革,从"知识与技能""过程与方法""情感态度与价值观"3 个维度建构了课程目标。课程目标从注重"双基"到强调三维目标,积极推进了教学的发展。教学中无论是常规课还是示范课,广大教师都已习惯于从"知识与技能""过程与方法""情感态度与价值观"3 个维度制定教学目标,并将相关要求融入课堂教学,表明三维目标的教学已逐渐转化为教师的自觉行为。显然,从注重"双基"到走向三维目标,其进步意义是不言而喻的。其间不仅有课程目标走向更多维度的量变,更有关注学生的发展的质变,使素质教育有效落实于课堂有了抓手。

随着时代的发展,人们对课程的育人功能有了更深层次的探索,不仅要求学生掌握知识与技能、经历过程与方法等,更重要的是明确这些学习行为背后的育人目的。因此,当今的课程改革促使课程目标从三维目标迈向对学生核心素养的培养。如果说"双基"倾向于从学科视角刻画课程和教学的内容与要求,三维目标是由外在走向内在的中间环节,那么对于核心素养的培养则是内在的,是从人的视角来界定课程和教学的内容与要求。因此,从"双基"到三维目标再到核心素养,在某种程度上体现了从学科本位到以人为本的转变。

一、基于学校发展的课程建设目标

在核心素养观的引领下,国家课程目标主要变化是课程目标走向整体性,三维目标融为一体;课程目标具有高级性,培养孩子的高阶思维能力,关注孩子的批判性思维、创造性思维和协作的思维;课程目标具有进阶性,理解和知识技能不一样,知识技能是掌握式的,掌握了就结束了,而理解是程度性的,永无终止。核心素养观要让课程目标始终聚焦于培养学生在真实情境当中解决复杂问题的高级能力,也就是培养学生可普遍迁移的正确价值观、必备品格和关键能力。

联系本校实际,聚焦学科核心素养培育,加强基础型课程校本化,拓展型课程系列化以及探究型课程项目化实施,聚集课堂,提高课堂教学有效性,构建轻负担、高效益、个性化的课程体系,为每个学生创造个性发展的合适空间,营造民主和谐的校园文化氛围与教学环境。

通过课程改革和教育教学改进来贯穿核心素养的校本落地。建立富有启发性和互动性的课堂,采用探究式、合作式和实践性教学方法,引导学生主动参与学习,培养学生的批判性思维、创新能力和问题解决能力。同时,通过课程整合和跨学科教学来培育核心素养。将不同学科的知识和能力进行整合,创设跨学科的学习情境,培养学生的综合素质和学科交叉能力。通过活动和实践来促进核心素养的发展。组织丰富多彩的实践活动,如社会实践、实验研究、社团活动等,让学生在实践中探索、体验和应用核心素养,培养学生的创新精神、合作精神和实践能力。在学校"五彩教育"思想引领下,结合校情生情,我们的课程目标旨在培养具有大爱品德、睿智头脑、强健体魄、高雅心灵、勤劳双手的"五彩品格"的时代新人(见图3-1)。

二、基于教师发展的课程教学目标

学校教师的专业发展是核心素养校本落地的关键。我们鼓励教师参加研修活动,提升教师的教育教学能力和专业素养,支持教师在课堂实践中灵活运用核心素养培育的理念和方法。弘扬敬业爱生、以身作则、诲人不倦、甘为人梯的崇高师德。以发展学生核心素养为目标,把握新课改的整体方向,加强教学实践反思,

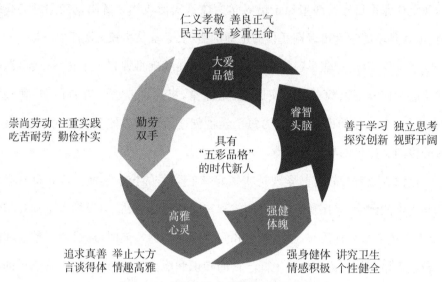

仁义孝敬 善良正气
民主平等 珍重生命

大爱
品德

睿智
头脑

善于学习 独立思考
探究创新 视野开阔

崇尚劳动 注重实践
吃苦耐劳 勤俭朴实

勤劳
双手

具有
"五彩品格"
的时代新人

高雅
心灵

强健
体魄

追求真善 举止大方
言谈得体 情趣高雅

强身健体 讲究卫生
情感积极 个性健全

图3-1　上海市市光学校毕业生形象图谱

积极转变教学方式,不断更新教育教学理念,不断厚实专业知识,调整智能结构,提高专业技能,提升教科研能力。

我们以前所说的教学目标,是以教师为中心的,容易形成"形同虚设"的目标。新时代强调"以人为本"的教育教学,要求教师不断深入探索"以学定教"的教学模式。教学目标是课堂的灵魂和基石,是课堂的起点也是终点。教学目标的设计总结起来就是导学、导教、导核心素养的培养。导学旨在明确学生的主体地位,学生主导,教师引导。用目标指导落实"平等参与"的课堂实施。充分考虑学生的认知、技能和情绪状态,包括年龄、学习期望、学习动机、努力程度、学习风格、社会文化背景等。导教其核心是落实学科课程标准,用学习目标紧扣教学内容、教材、重难点、教学方法等方方面面。导核心素养是指学习目标具有多维性,不狭隘地局限于理论知识的掌握,更要注重紧扣人文底蕴、科学精神、学会学习、健康生活、责任担当、实践创新六大学生核心素养,培养全面发展的学生。

在教学目标直指核心素养的背景下,知识与技能、过程与方法、情感态度价值观三者须融合,形成有机整体,广泛迁移到不可预测的新情境中,在过程中达到育人效果,形成核心素养。课堂中深度学习的发生,注重激发学生的好奇心,提高学科学习的自信心,注重调动学生学习的内驱力,培养学生的批判性思维、创造性思维和协作性思维,为学生构建最核心的高阶能力,形成质疑问难、自我反思和勇于探索的精神。

三、基于学生发展的课程学习目标

发展学生综合素质,着力开发校本特色课程,课程设置与内容编写以学生发展为本,以满足不同学生的发展需要。培养具有人文素养的,在道德上能自律、学习上能自学、体育上能自强、美育上能自励的学生。

课程学习目标达成情况,是课堂教学是否有效的重要依据。一个高质量的学习目标,一定是能够促进学生对学习内容的结构化和深层次理解的目标。首先,教师要着眼于整体规划,全面了解教材中的单元内容组成,确认该单元的人文主题和对应的学习任务群,并依据新课标对该任务群的要求,结合教材与该任务群相关的其他单元内容的关系,确立本单元准备学习的大致目标和内容范围。其次,依据课程目标和学业质量标准相应水平等级要求,结合单元导语、学习提示及单元学习任务,立足学生核心素养的发展,整体设计单元目标。单元目标应与新课标的学业质量要求相一致,但要突出单元重点,要与其他单元学习目标相互联系,相互支撑,有层次性,而不是简单重复,面面俱到。最后,依据单元目标,制定单元教学计划,并确定完成单元目标所需的任务板块、教学主题以及课时安排,做到整体规划,统筹安排,层次清楚。从课程目标到单元目标再到课时目标,是学习目标逐步细化的过程,也是学习目标落地的过程。确定了学生课程学习目标,再选择恰切的学习活动,那么学习效果一定是可以预见的。

【我的手记】以育人目标为指向的课程建设方向

课程目标是指特定时期或阶段学校课程所要达到的预期结果,也是培养目标在课程层面的体现。学校根据教育目的与教育方针的指引,结合义务教育培养目标的具体要求,依据中国学生发展核心素养的内容,围绕学校育人目标,确立课程目标,明确学校课程建设的总体方向,最终呈现学校毕业生的具体画像,学生的成长样态、独特气质、核心品质和关键能力。

第三节 课程框架:课程坐标的在地建构

课程建构是满足学生兴趣发展、个性特长需要及体现学校办学思想和办学特色的重要手段,它关注每一个生命的个性需求,享受教育的美丽,尽显市光学校特色建设的内涵。

市光学校立足教育规律和学生成长规律,以培养学生必备品格、关键能力和正确价值观为指向,努力构建引领性、普及性、个性化的五彩品质课程体系,旨在发展学生核心素养,促进学生个性化发展和提升区域教育品质,以课程改革驱动内涵建设,以教学变革促进课堂转型,以学习方式转变优化育人模式,培养德、智、体、美、劳全面发展的五彩学生。

一、明确学校课程发展旨趣

学校课程是一个完整的体系,体现基础型、拓展型、探究型课程有效整合,体现小学初中九年课程目标的整体布局、分步实施。目标整体、结构多元、尊重选择、差异发展,为每一个学生提供适合的教育,使每位学生实现最大可能性的发展。树立正确的学生观、课程观、教学观,在课程建设中,构建立体课程资源环境,发挥各类课程各自不同的优势,为不同的学生提供适应自己兴趣与潜能拓展的不同课程,提高学生学习兴趣,促进学生个性的充分发展。

学校确定小学从兴趣爱好出发,以提高基本能力为主。初中以展示提升为目标,以解决问题为主。实行班级、年级多层次全覆盖,教师全面参与的层层推进的良好发展态势。在全面落实国家课程标准的基础上,通过各学科课程、校本课程相结合,从时间到形式再到内容进行全面有机融合,赋予五彩教育生命力。

二、完善优化学校课程谱系

我们严格执行国家《义务教育课程方案》,开齐开足开好所有规定课程。实施小学体育兴趣化、初中体育多样化,落实每天开设 1 节体育课,并利用课后服务时间开展丰富多样的体育活动、运动社团,通过作业设计与评价激励学生自主开展课外运动,保障学生每天校内外运动不少于 2 小时。落实"双减""五项管理"规定,开展好小学"快乐活动日""学习适应期"教育,以校本课程提升课后服务品质,以管理落实教学"四不一有"(不得占课、不得放课、不得拖堂、不得超量布置作业,有检查反馈),减轻学生过重的课业负担。

国家课程中劳动、综合实践活动有课程标准,没有教材,结合校本课程整合实施,保证不少于国家课程方案要求的课时。"五彩课程"指向素养的育人目标——红色德育、绿色人文、蓝色科创、橙色艺体、金色生涯,包括"五彩生命"德育课程、专题教育、社会实践活动、拓展课程、探究课程、社团课程、校园文化活动等类型,采用"必修 + 选修"方式修习。

以劳动课程、气象特色课程的探索与实践,打通九年一贯学习发展通道,打造学校特色课程品牌,落实"科学素养提升行动"呼应国家基础教育课程教学改革,培育学生创新素养和实践能力。

为了进一步统整学校课程,逐步完善学校课程发展谱系,根据学校课程实际及课程发展理念及目标,结合课程校本化实施方案将学校课程结构分为基础型课程、拓展型课程、探究型课程。把国家课程、地方课程和校本课程统整,形成学校课程谱系(见图3-2、图3-3、表3-1)。

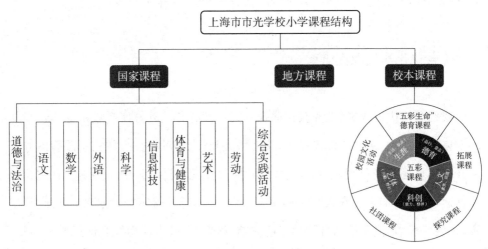

图 3-2　市光学校小学课程框架图

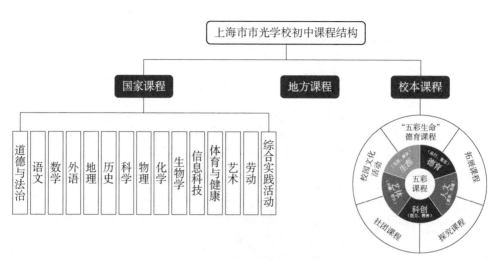

图3-3 市光学校初中课程框架图

表3-1 校本"五彩课程"一览表

指向素养的育人目标	类别	课程库
校本"五彩课程"一览表	红色德育课程群	"五彩生命"德育课程	六年级《安全橙(爱护身体)》;七年级《青春金(守护心灵)》
		拓展课程	心理、小小时政家等
		社团课程	益动少年等
		校园文化活动	心理健康教育月、学雷锋爱心月、劳动主题教育月
	绿色人文课程群	拓展课程	写字、名著导读、听说训练;绘本阅读;魅力光影、跟着古诗去旅游、诗情画意、人文趣演——文学与表演、初中英语外刊阅读语篇精选、快乐音标等
		探究课程	先导微课程:研究方案设计、实验研究观测、文献研究搜集、社会调查入门
			微课题探究:舌尖上的语文

	社团课程	悦读影视文学等
	校园文化活动	读书节、语言文字月
蓝色科创课程群	"五彩生命"德育课程	一至三年级《生命绿（自然科学知识基础）》；四至五年级《环保红（环境保护知识技能）》；八年级《科技蓝（崇尚科学）》
	拓展课程	机器人、气象探险家；民防普及、趣味编程、数学俱乐部、逻辑迷宫、小小理财师等
	探究课程	微课题探究：民防工程探究、生活中的经济学、智能家居、小小建"模"师
	社团课程	气象研究员、模力四射；气象科学家、IT、科普人文等
	校园文化活动	科技节
橙色艺体课程群	拓展课程	体育活动；快乐足球、阳光篮球、合唱声声、创意折纸、篆刻、手势舞、巧手编织、钩针编织等
	探究课程	微课题探究：音随心动
	社团课程	街舞、滑板、武术、柔道、体育舞蹈、鼓号、轻舞飞扬、彩泥、艺想天开；大黄蜂篮球、足球、围棋、仪仗队、长笛、合唱、国画、动漫等
	校园文化活动	艺术节、体育节
金色生涯课程群	"五彩生命"德育课程	九年级《五彩生涯（终身发展）》
	拓展课程	美食鉴赏与制作等
	探究课程	微课题探究：快乐成长整理术、生涯启航
	校园文化活动	毕业感恩季

三、架构更好的学校课程样态

根据学生核心素养发展的需求,结合社会实践,构建了培养并发展学生核心素养为目标的自主成长学校课程体系,同时对国家和地方课程进行了科学的规划和整合。不断细化和调整学生核心素养课程体系的方方面面,将核心素养理念具体化,将理论转化为教师能够实施的教学内容,让核心素养完美地融合到课程里,力求把学生核心素养培养落到实处。

在课程建设体系中,校本课程留给学校自主开发的权利是一项系统工程,也是一种创造性工作。在校本教材研发过程中,学生的核心素养发展是目标,教师的专业发展是条件,学校的特色形成是成果。为了让学生素养课程体系更好地发挥作用,进一步挖掘了具有关联的若干学习领域,包括人文社会、科学技术、艺术生活、健康体育等。随着社会的不断发展,还会根据学生的具体要求继续开发新的课程,为学生提供更加完善的核心素养课程体系,促进学生全面发展。在新拓宽的学习领域中,每一个领域都包含若干门课程。

学校课程特色化是特色学校建设的重要内容,也是实现学校特色发展的根本途径。努力做到"深化国家课程研究,领会地方课程内涵,提升校本课程品位,突出特色课程地位",体现学校"五彩教育"的元素,更好地围绕学校办学理念落实学校办学特色,同时通过办学特色更好地践行办学理念。

【我的手记】以课程架构为逻辑建构学校课程体系

课程结构是学校课程体系的骨架,确立了课程内各构成要素及其相互关系,对学校课程结构的架构体现了对学校课程的整体思考,以及课程各组成部分的逻辑布局。

学校根据学科知识内在的性质和逻辑结构,遵循学生身心发展特点及需求,围绕社会发展的核心问题,聚焦国家培养目标及学校育人目标,利用学校地域资源,根据九年一贯制课程架构的逻辑,建构学校系统的课程内容体系,不仅完美衔接课程育人功能与学生成长逻辑,贯通融合知识结构与身心发展,还要平衡兼顾学生全面发展与个性绽放。

第四节　课程实施:聚焦学生的关键能力

课程实施以需要性、选择性、灵活性、过程性为原则,确立以学生为中心的课程思想,尊重学生个体差异,更新课程实施理念,明确不同起点坡度,细化学科教学设计,突出学习方式转变,激发学生学习潜能,对学生的需要进行理性分析和思考,依据学生的需要,依据学生的兴趣和爱好来决定校本课程开发的方向。根据学生的差异,满足学生的兴趣、满足学生发展的需要,确保每一个学生都能发展,让学生能够找到适合自己成长的课程。根据学生的生活经验、年龄心理特征、认知规律等方面进行综合考虑,注意课内外结合,校内外结合,确保学生个性在参与学习的过程中得到充分发展。关注学生在过程中获得的学习体验和创新表现,关注实践活动的方法、态度和体验,明晰课程取向,挖掘教育资源,丰富课程活动类型,提升学生综合素养,聚焦学生的关键能力。

一、标准化实施国家课程

落实"双新""双减",推进课程教学变革。一是坚持素养导向,以文本设计力撬动"五彩课堂"样态。坚持全面的质量观，以"上海市中小学生学业质量绿色指标"为导向，持续深入推进"课程领导力"项目校本化实践。依据学校课程方案，研究新课标、新教材；基于校情学情，坚持素养导向、学习中心、单元设计，逐步推进学科课程纲要编制，全面执行单元教学设计（含作业设计）、课时教学设计；以项目、课题及"市光杯"等七大类公开课为抓手，深入推进"课研修"的课例研究与"教——学——评一致"的作业研究，不断巩固"倾听、悦读、慧言、会做、合作"的"五彩课堂"特质与样态。**二是关注真实课堂，以教学研究力凝聚教研团队智慧。**校本研修关注真实课堂，注重"五彩课堂"研修实践。以教育综改项目研究实践为抓手，以课堂为落脚点，分层分类分梯队开展研修活动。通过教研组子课题加强教研组文化建设，提升团队凝聚力。**三是完善作业管理，以评价指导力优化学生学习体验。**完善作业设计与管理制度，开展优秀作业设计展评，将高质量校本化作业设计纳入教研体系。加强作业管理与指导、强化作业统筹、注重作业设计、规范作业布置、严肃作业批改、巧心作业辅导，鼓励布置分层、弹性和个性化作业，坚决克服机械、无效作业，杜绝重复性、惩罚性作业。利用好课后服务时间，对学生开展作业指导。实施学段作业公示、班级作业记录、学校作业检查等管理措施，不定期开展问卷调查，学段长及时了解学生、家长关于作业量的舆情，发现问题及时反馈学校。**四是用好"三个助手"，以信息技术力赋能课堂教学变革。**以小学数学、英语学科先行试点，以数字化赋能有效学习。利用"备课助手"提升整体课堂效率和质量；利用"教学助手"的实时反馈与数据呈现，开展"以学习者为中心"的实践；利用"作业辅导助手"设计高质量的校本化作业，以课堂教学变革为抓手，以学定教，适应学生个性特征。

联通"课内""课外"，实施综合实践活动。学科课时内实行综合实践活动，根据新课程方案，学科综合实践活动课时不少于10％的要求，一方面完成教材中综合性学习的实践活动,围绕教材要求和内容开展相关活动;一方面坚持学科立场的基础上打破学科界限,整合两门及以上学科知识与能力,以中心主题开展跨学科项目化学习。小学以学科主题活动周的形式进行交流与展示;初中在语文学科、地生跨学科案例分析先行试点基础上进行课程优化,同时根据《基础教育课程教学改革深化行动方案》提及的"科学素养提升行动",增设理化跨学科实验探究课程,逐步推进全学科的跨学科主题式、项目化学习(见表3-2)。

表3-2 市光学校小学部学科主题活动周计划表

名称	目标		主要活动内容	时间安排
	总目标	分目标		
童心悦读周(语文周)	通过各种形式的学科主题活动,拓展学科教学。让学生体验到学习生活的乐趣,培养学生良好的学习兴趣、创新精神与科学精神。	通过各类语文拓展活动,体验语文学习的快乐。	讲故事比赛、作文大王比赛、查字典比赛、写字比赛、演讲比赛。	第一学期
快乐数字周(数学周)		让学生喜欢数学,体验数学的无穷魅力。	计算大王比赛、应用大王比赛、二十四点比赛。	第一学期
The sound of music(英语周)		激发英语学习的兴趣,展示英语才能。	英语歌曲表演、英语写作比赛、英语演讲比赛。	第一学期
环保创意show(科技节)		培养学生创新意识和动手能力。	科技讲座、科技小报比赛、创意环保小制作。	第二学期
我运动我快乐(运动会)		增强体魄、锻炼意志、提高运动技能,同时培养学生的合作精神和集体主义精神。	两跳一踢比赛、拔河比赛、跳远跳高比赛、打野鸭游戏比赛等。	第一学期
艺术小精灵(艺术节)		弘扬民族文化,提高学生艺术修养。	乐器比赛、独唱比赛、跳舞比赛、美术比赛等。	第二学期

初中语文综合性学习。根据新课程方案,学科综合实践活动不少于10%的要求,学期中6课时用于完成教材中综合性学习的实践活动,围绕教材要求和内容开展相关活动;跨学科主题活动安排4课时,坚持学科立场的基础上打破学科界限,围绕名著必读书目,开展以整本阅读、经典阅读等为要求,以阅读打开"悦读"之门,挖掘可供探究的素材,将两门及以上学科的内容进行整合,以中心主题统筹教学目的、内容、方式及评价要素,推进语文统编教材"五彩课堂"实践研究(见表3-3)。

表3-3 初中语文综合性学习计划表

年级	主题或内容	素养目标	跨学科	课时数
六年级	有朋自远方来	通过网络和图书馆资料等方式收集并研究自我介绍的创意表达文本和方式,撰写有创意的自我介绍。	美术 信息技术	3
	童年修炼手册	通过动手做童年手工小玩具(竹节人、沙包)、绘制童年回忆以及运用信息技术制作电子相册等形式,来寻找"童年"难忘的时刻,讲述自己的童年故事。	美术 劳动技术 信息技术	4
	遇见我的idol	通过网络和书籍等多种形式的资料查询和收集,结合心理课上的知识,体悟古人的心理,并探询其高尚的精神品质,思考其精神对自我的意义,可通过绘画和文字的形式娓娓道来。	美术 心理 信息技术	3
	未来,我们怎么上学	通过将科学知识和网络上的信息资料进行整合,让学生开动大脑,思考绘制未来人的生活场景。	科学 美术 信息技术	3
	地球不流浪	通过电影《流浪地球》将地理课上的生态环境保护的现状和文本《只有一个地球》相结合,让学生思考如何让地球不流浪,撰写倡议书。	地理 信息技术	3
	世界奇妙遨游之旅	通过将地理和社会进行综合,学生运用所学的天气气象和人文风情知识,并结合网络资料的信息收集,撰写自己的世界奇妙之旅,成为第二个小小鲁宾逊。	地理 社会 信息技术	4

年级	主题或内容	素养目标	跨学科	课时数
七年级	说说鲁迅笔下的"小人物"（名著导读《朝花夕拾》）	通过阅读《朝花夕拾》，结合网络相关阅读资料，挑选出让自己印象深刻的"小人物"，为其制作人物卡片。	美术	3
	少年正是读书时	学生以个人为单位，选择自己近期阅读过的认为值得推荐的课外读物，参考阅读资料后制作好书推荐 PPT，向同学介绍并做推荐。	信息技术	2
	"取经路"上的人物图谱（名著导读《西游记》）	通过阅读《西游记》，选取"取经路"上令自己印象深刻的小说人物，概括其人物特点，制作人物阅读书签。	信息技术美术	3
	命运的"三轮车"（名著导读《骆驼祥子》）	通过阅读《骆驼祥子》，结合相关阅读资料，以小组为单位分析祥子最终走向堕落的原因，并制作祥子命运图谱。	美术	3
	有国才有家	结合"修身正己"单元学习内容，课外收集具有相类似精神品格的人物故事并有自己的解读，班内举行"有国才有家"的故事讲演比赛，感知"天下兴亡匹夫有责"。	道法音乐	2
	跟着船长去旅行（名著导读《海底两万里》）	根据《海底两万里》的阅读内容，绘制"鹦鹉螺号"的航海线路图并以阿龙纳斯教授的口吻撰写一篇航海日记，体会儒勒·凡尔纳笔下神奇的科幻世界。	美术地理	3

年级	主题或内容	素养目标	跨学科	课时数
八年级	我们的互联网时代	通过小组合作的调查问卷和交流讨论,整合学生互联网使用现状,归纳关键词,并根据现状提出合理化建议,倡导规范文明使用语言文字。	信息技术	3
	身边的文化遗产	通过小组合作探究,结合线上线下资料整理,规划文化遗产导览图和讲解稿,并进行实地行走,提高传统文化和历史的认知程度。	地理历史	3
	名著零距离	通过整理六至八年级名著相关内容,了解名著的创作背景内容主旨和重要情节。小组合作以不同的展示方式,例如海报、视频等解读名著。	艺术信息技术	3
	倡导低碳生活	通过小组合作的调查问卷和交流讨论,整理现代人生活方式及其碳排放,建立班级碳银行和每位同学的碳户头,提倡低碳减碳。	物理化学生物	3
	古诗苑漫步	根据课本古诗词并拓展课外内容,小组合作探究围绕各自主题撰写组古诗主题活动。	综合实践活动	3
	讲演小擂台	初步了解说理文撰写特点,以辩论的活动形式把握说理的基本方式方法。	综合实践活动	3
九年级	君子自强不息	通过图书馆和网络等资源检索、搜集资料,并能进行筛选和分类,以关键词形式概出"自强不息"精神的具体表现,以此为依据,形成典型人物事迹,并进行演讲。	美术信息技术道法	3
	走进小说天地	围绕小说单元中对比写法的共性,通过图文并茂绘制人物图像和表格填写,感受人物性格特征的变化。	美术	3
	四海为诗	研读教材中 13 首诗歌,关注诗人情感的具体意象,借助多种形式阅读和演绎诗歌,感受诗歌的美感,弘扬诗歌文化。	艺术	3
	岁月如歌——我们的初中生活	总结四年初中学习、生活的得失,重温初中生活的欢乐与美好;学习根据需求获取、筛选、整合资料的方法及制作班史的技巧。	历史音乐信息技术	3

年级	主题或内容	素养目标	跨学科	课时数
	家国担当	通过撰写推荐词,对古诗文篇目中的英雄抒发崇敬和赞美之情;在讲述故事、概括评价、补白细节中了解古人的政治才能和军事智慧,促进学生精神成长。	历史 地理 道法	3
	生活有戏	以教材中三篇戏剧课文为基础,通过品味戏剧台词,分析人物形象,提升分析和鉴赏能力;通过演绎戏剧,借助语文、表情来表现戏剧人物的内心,体会人生百态。	艺术 劳技 信息技术	3

初中地生跨学科课程实施。课程根据《初中地理和生命科学学科开展跨学科学习的教学指导意见》,设置地理方面 6 课时(图表阅读方法、基本原理与规律、区域位置特征)+生命科学 5 课时(人体与健康、生物类群、生态系统与真实生态)+项目式学习 9 课时(信息提取与处理、问题分析与质疑、结论阐释与创新),学生综合运用所学的学科知识来分析和解决实际问题的能力,提升综合素养(见表 3-4)。

表 3-4　初中地生跨学科课程课时安排表

单元板块	学习主题	课时	学科核心素养
地理知识框架	地图阅读技能	1	区域认知 综合思维 地理实践力 人地协调观
	区域特征	4	
	原理与规律	1	
生命科学知识框架	人体与健康	2	生命观念 科学思维 探究实践 态度责任
	生物类群	2	
	生态系统与城市生态	1	

单元板块	学习主题	课时	学科核心素养
跨学科综合运用	材料信息提取策略	2	信息提取与处理 问题分析与质疑 结论阐释与创新
	审题与答题策略	2	
	阐述题答题策略	2	
	案例训练	3	

初中理化跨学科实验探究课程。为进一步强化做中学、用中学、创中学,激发学生好奇心、想象力、探究欲,提升学生解决实际问题的能力,发展学生科学素养。根据学科类教学要求,加强实验教学。结合中考物理实验操作、中考化学实验操作的跨学科主题学习,为中考计分科目,平均每两周安排 1 课时,学年不少于 20 课时,完成二十个主题化、项目式学习等综合性教学活动(见表 3-5)。

表 3-5　理化跨学科实验探究课程安排表

单元板块	学习主题	课时	学科核心素养
仪器的基本使用	计量仪器	1	认识与理解 观察与操作 运用与实践 科学态度
	光学、电学仪器	1	
	粗盐提纯的仪器	1	
	实验室制取气体仪器	1	
测量(操作)类实验	力学实验	1	实验操作 数理应用 观察与探索 分析与综合
	光学实验	1	
	电学实验	2	
	物质的检验与鉴别	2	
	过滤与结晶	1	
探究类实验	力学实验	2	收集与处理 质疑与批判
	光学实验	1	

单元板块	学习主题	课时	学科核心素养
	电学实验	1	创新与拓展
	溶液酸碱性的探究	1	合作与交流
	稀酸的性质	1	自主发展
	金属活动性顺序的探究	1	社会责任
其他实验	验证类实验	1	科学思维
	DIS 实验	1	科学精神

课后服务实施综合实践活动鼓励教师个体或团队设计实施综合实践活动课程,以丰富学生课后服务活动。开展主题化、项目式学习等综合性教学活动,构建实践型的育人方式,促进学生自主、合作、探究学习。适用于一至八年级课后服务。

美化校园的微景观规划。课程旨在提供真实的种植环境,融合生物、地理、气象、数学、美术、劳动、语文、德育等,引导学生提高分析和解决问题的能力(见表3-6)。

表3-6　美化校园的微景观规划课程安排表

单元板块	活动主题	课时
自然与生命 (如果所有植物都消失了会怎样?)	植物在生态系统中的作用	1
	植物对社会生产的影响	1
	植物对校园生活的影响	1
生命与环境 (不同植物适合生长在什么样的环境中?)	植物生长和分布受哪些因素影响	1
	上海常见植物特征及种植方式	1
	校园常见植物种类及生长习性	1

单元板块	活动主题	课时
人地协调发展 （如何设计体现生态和谐的校园微景观?）	校园环境特征	1
	选择适宜种植品种	2
	制定校园微景观设计方案:种植规划图;后期养护方案;成本预算方案	3
	制作介绍方案	1
	宣讲并进行方案评价	2

气象主题阶梯型课程。作为中国气象学会"气象教育特色学校""区科技特色学校"，我们不满足于获得众多国家级、市级、区级竞赛奖项，不满足于拥有多个区星级科技社团，积极探索"气象主题阶梯型课程"为突破点的科技特色课程，深化特色学校内涵发展，夯实底蕴、擦亮品牌。

在专家团队指导下建设九年一贯气象特色课程体系，积累课程资源，实施课程方案。通过气象特色课程，提高学生对气象的认识和实践能力，增强气象灾害防御方面的应对能力，发展学生的科学素养和创新思维。同时，通过基于气象主题的跨学科课程也能够为学生提供一个多元化的学习环境，打通多学科之间的壁垒，并且整合多平台的教学资源，建立多元化的气象科普知识信息间的多路径反馈，培养他们的团队协作能力和社会责任感(见图3-4)。

指向劳动素养，形成劳动课程方案。依据国家《义务教育劳动课程标准(2022年版)》，形成各学段、年级"每周一课时规划""劳动周规划"，以劳动清单形式呈现课程体系。通过课程团队分工、备课与教研安排、教学模式与策略、资源开发与利用、家校社区联动等内容说明课程实施;制定课程评价(含评价原则、评价工具、评价方式等);提供课程保障。

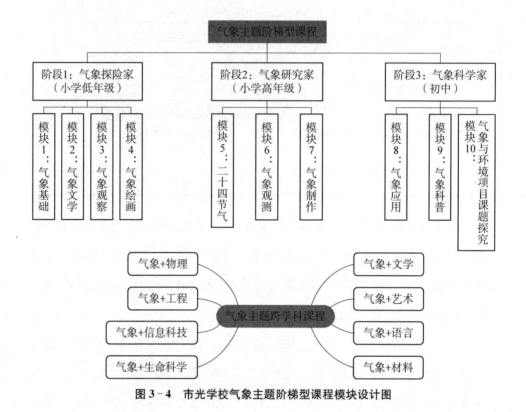

图3-4 市光学校气象主题阶梯型课程模块设计图

其中,"每周一课时规划"围绕日常生活劳动、生产劳动和服务性劳动三大劳动形式、十大任务群实施课程,关注劳动素养的培育,学生立场的教学及多元评价。在公共项目板块中,任务群"清洁与卫生"涉及6个主题,任务群"整理与收纳"涉及9个主题,任务群"传统工艺制作"涉及11个主题,任务群"工业生产劳动"涉及5个主题,任务群"新技术体验与应用"涉及6个主题,任务群"公益劳动与志愿服务"涉及6个主题,任务群"现代服务业劳动"涉及5个主题,任务群"家用器具使用与维护"涉及6个主题,任务群"烹饪与营养"涉及9个主题,任务群"农业生产劳动"涉及9个主题,保障了小学、初中三种形式的劳动全覆盖。特色项目结合学校气象主题阶梯型课程以工艺制作、种植劳动、岗位实践、职业体验等活动实施课程。"劳动周规划"围绕树德、增智、强体、育美四大主题,设置劳动任务(见表 3-7)。

表3-7 上海市市光学校九年一贯劳动周框架表

劳动主题	劳动任务	劳动时间	劳动地点	参与人员
劳动树德	少先队活动主题教育课	少先队活动课	教室	1—9年级
	"劳模精神"微视频		小剧场	4—5年级 7—8年级
劳动增智	劳动岗位技能大赛	中午	图书馆	1—3年级 7—8年级
	气象实践类活动		功能教室	4—8年级
劳动强体	校园定向越野	大课间	校园	六年级
	志愿者进社区	周五下午	社区	公益社团
劳动育美	"寻找最美劳动者"摄影活动	少先队活动课	学校	1—9年级
	"劳动之星"评选活动			

聚焦劳动创新、劳动创智、劳动创造的"三创"理念,旨在课程设计、教学过程、达成目标等体现"三创"理念。探索"四全"实施策略,即劳动教育课程全要素、全过程、全场域、全方位实施。全要素是指劳动教育课程培育的劳动素养包括劳动观念、劳动能力、劳动习惯和品质、劳动精神;全过程是指学生成长的全过程,覆盖九年一贯全学段;全场域是指劳动教育课程开展的物理空间,贯穿学校、家庭、社会等各场域;全方位是指融入国家课程、地方课程、校本课程、综合实践活动等。坚持"五育融合",擘画"五彩教育"蓝图,促进学生全面发展探索"3-4-5"劳动教育课程。

二、多元化实施校本课程

学校课程建设与管理领导小组协同德育、教学等多部门,充分发掘、选择整合教师、家长、社区和高校的课程资源,从学科能力拓展、优秀文化传承、多元智能发展、创造力提升等方向,结合学生的身心特点和学习兴趣,开发覆盖德育、人文、科创、艺体、生涯五大板块的"必修＋选修"的"五彩德育"课程、拓展课程、探究课程、社团课程、校园活动、社会实践与社区服务等校本课程,满足学生全面且个性发展的需要。通过主题式课程、项目化学习,让学生在体验式、参与式的学习中培养和发展学习习惯、健康生活、审美情趣与艺术表达等跨学科的综合素养。

"五彩生命"德育课程。通过主题教育课、少先队活动、社会实践活动、仪式教育、温馨教室、班级文化建设等途径,实施"五彩生命"德育课程。充分利用每周1课时的班团队活动课、每周升旗仪式和每天午会开展专题教育。同时,将专题教育融入日常学科教学中,在教学公开课及竞赛评分中设置德育渗透特色加分,积累典型教育教学案例。

综合性社会实践课程。为贯彻落实《上海初中学生综合素质评价实施办法》,制订《上海市市光学校社会实践活动方案》。社会实践活动进课表,落实课时;重协调,落实场所;明责任,记入平台。学校课题《基于初中学生综合素质评价背景下九年一贯制学校社会实践课程开发的实践与研究》荣获第十九届上海市德育协会科研成果二等奖。学校以此课题研究成果为基础,不断丰富学生社会实践活动的内容和形式,加强活动的组织与管理,确保学生在真实生活体验中获得成长,保障初中学生综评实践平台四板块课时的达标和规范录入。

整合劳动与综合实践活动,贯穿学校、家庭、社会等全场域,倡导体验式、探究式、项目式、主题化学习,通过社会考察、场馆探究、研学行走、职业体验、安全体验、公益劳动等活动形式实施。不断积累优秀活动案例,丰富学生社会实践活动的内容和形式,加强活动的组织与管理,确保学生在真实生活体验中获得成长,探索基于全面的质量观的学生综合素质评价。

自主式拓展型课程。以必修方式完成学科类、活动类拓展课程。以自主选修方式完成兴趣类拓展课程。小学部自主性拓展课集中在每周一下午"快乐活动日"时间进行,课程由学生根据自己的兴趣自主选课。初中部自主性拓展课集中在每周二 15:40—16:40 活动,实施长短课程相结合授课,采用走班形式进入所选课程活动点进行活动。学校制定《市光学校自主选修拓展课程实施方案》,明确教师申报、课程审批、学生修习、课程评价等制度。

项目化探究型课程。依据"综评实施办法",制定《市光学校探究课程实施方案》。根据探究课题内容难易、时间长短、组织形式的不同,我们的探究课程分为两种模式:学科探究和综合实践活动探究。

小学学科探究在任课教师的指导下,由学生根据学科内容开展学法研究与分享。注重过程中激发学生的问题意识,提高学生发现问题、分析问题、解决问题的能力。小学部各学科教研组设计开展内容有趣、形式活泼、自主合作的学科主题活动周,为学生提供展示探究学习成果的平台。

初中综合实践活动探究分为:先导微课程(研究方案设计、社会调查入门、实验研究观测、文献研究搜集)共 10 课时,以班级授课;主题性探究(民防工程探究、音随心动、舌尖上的语文、快乐成长整理术、生活中的经济学、智能家居、生涯启航、解密自然)共 20 课时,学生自主选题,合作探究。学习成果有:探究学习报告、社会考察报告、科学实验报告、创意作品设计,并遴选优秀作品展示、答辩。

多样化学生社团课程。通过建设学生社团及课程,为学有所好、学有所长的学生提供更多的学习条件,我们中小学开设有社团二十余个。学校制定有专门的学生社团管理章程,社团由德育部进行管理,每个社团有至少1位指导教师,学校为社团提供了活动场所及设施设备。

活动化校园文化课程。学校的学雷锋爱心月、心理健康教育月、劳动主题教育月、毕业感恩季、读书节、科技节、艺术节、体育节等已经形成传统,活动品质、育人价值不断提升。

三、多样化落实课后课程

我们遵循"学生愿留尽留全覆盖、工作日全覆盖"等原则,实行"三段式"课后服务。充分梳理、挖掘校内外优质教育资源,构建满足学生及家长多样化需求的课程,这是学校开展高质量课后服务的最佳载体。

课后服务基础性课程,教师以"固本+培优"开展作业指导,学生通过自主作业、自主阅读等,在教师看管和自主管理中实现成长。

课后服务社会性课程,学生依据自身的"兴趣+特长"选择课程,在社团活动中交往和学习,促进社会性发展。

课后服务延伸性课程,以"必修+选修"菜单式兴趣拓展和主题探究的课程模式作为课堂的延展,拓宽学生知识面,培养生活技能,助推学生个体性成长(见表3-8、表3-9)。

表3-8 市光学校小学部课后服务课程表

课程类别		课程名称			
基础性课程之"学习挑战营"	自主课程	作业辅导+综合实践活动指导(气象探险家、童趣诵读、摩登舞、彩泥、剪纸、漫画等)			
社会性课程之"社团 ing"	科创类	天文气象	生态植物	魔力四射	机器达人

课程类别		课程名称			
延伸性课程之"延时休闲吧"	运动类	卓越柔道	激情轮滑	藏龙武术	飞人足球
	艺术类	艺想天开	悠扬长笛	童声合唱	轻舞飞扬
	公益类	益动少年	嘹亮鼓乐		
	人文类	悦读影视	棋乐无穷	科普人文	
	拓展探究	民防普及	创意折纸	快乐桌游	劳动技能

表3-9 市光学校初中部课后服务课程表

课程类别		课程名称			
基础性课程——"托管"课程	自主课程	自主作业 自主阅读 自主手工 自主绘画 自主运动 ……			
社会性课程——"社团"课程	科创类	Discovery 生物	IT		
	体育类	飞人足球队	大黄蜂篮球	舞动青春	棋乐无穷
	艺术类	时光画舍	市光合唱团	悠扬长笛	国画
	人文类	悦读影视文学			
	公益类	益动少年	仪仗队		
延伸性课程——"拓展探究"课程	拓展课程	合唱声声（校挂牌课程）	快乐足球（校挂牌课程）	小小理财师（校挂牌课程）	国球乒乓（校挂牌课程）
		蒋老师教你学摄影（短课程）	跟着古诗去旅游（短课程）	巧学英语词汇	人文趣演——文学与表演
		魅力光影	趣味编程	创意折纸	民防普及
		有趣的数学史	诗情画意	篆刻	逻辑迷宫

课程类别	课程名称			
	时政小达人	生活中的科学	日语入门	桥牌入门
探究课程	研究方案设计	文献研究搜集	实验研究观测	问卷调查入门
	民防工程探究	生活中的经济学	音随心动	舌尖上的语文
	快乐成长整理术	智能家居	解码自然	生涯启航
综合实践活动	美化校园的微景观规划	气象科学家		

【我的手记】聚焦校本建立课程特色实施路径

　　课程实施是对课程目标、内容等具体落到实处的执行过程,一般从实施的原则、策略、具体做法等方面根据学校实际情况提出细致、务实的要求。学校聚焦如何创建不同课程类型的实施路径,如何建构课堂模型,如何开发特色校本课程等问题,从课程、教学、教研、资源等层面,建立学校课程特色实施策略,不仅呈现课程实施的关键要素,也体现国家课程的校本化实施路径和校本课程的特色化实施路径。

第五节　课程评价:追求多元的评价样式

　　课程评价是一个价值判断的过程,学校课程的管理反映在对学生过程性评价与发展性评价的科学与规范上,丰富评价的方式方法才能有效地保障学生的个性发展。关注学生多元发展,注重多维度评价,既注重教师的评价,也关注同伴的评价,既注重终结性评价,也关注过程性评价,发挥评价引领的积极作用,保护、发展学生的个性特长,促进学生全面发展。

一、课程管理评价凸显多元化实效性

学校课程建设与管理领导小组定期组织人员对学科课程纲要、学期教学计划、单元教学设计等文本就科学性、规范性、特色性进行评审,推选优秀文本予以奖励,发现问题及时改进。通过问卷调查、学生座谈、听课反馈、资料检查、质量分析等方式进行综合评价。基础型课程评价关注过程与结果:过程性评价由学习态度、学习发展组成;结果性评价由期中成绩和期末成绩两部分构成。拓展型课程评价重视考核,任课教师申报课程时要制定课程计划,包括课程目标、课程内容等,学校定期检查教案、组织教学等情况,学期末进行考核。探究型课程评价结合课题研究成果进行。

课程评价突出对学生的参与程度、所起作用、合作能力和创新精神、实践能力的形成与提高方面的评价。评价内容包括态度、能力或技能、方法、心智发展、人格或个性、结果等,评价方式包括集体、个人、过程、总结、考试等,评价表达包括奖励、特长认定、评语、发给证书等,体现以鼓励为主的原则。

二、教师教学评价凸显专业化发展性

建立与完善教师基础性指标、发展性指标、教学质量跟踪考核指标体系。建立以教师自评、学生评价、学校管理者共同参与的评价制度，制定科学合理的评价指标，力求客观呈现教师教学现状，反映教育教学中存在的问题，帮助教师及时获得信息，引导教师在教育教学实践中聚焦问题，加强反思，不断提升专业素养。

从课程改革对教师素养和教育教学能力提出的要求出发，建立以促进教师专业化发展为目标的评价体系，编制《学科"五彩课堂"教学观察表》《"市光杯"教学竞赛评价表》等评价工具。在评价过程中，重视对教师教育教学态度、行为和质量的综合评价，强调教师对自己的教学思想、教学态度、教学行为和教学效果进行分析和反思。

三、学生学习评价体现全面化综合性

完善学科学习多元评价方法，在评价内容上，既关注学习能力的评价，也关注学生情感、态度、价值观的评价。把过程评价与结果评价统一起来，把平时评价和考试评价相结合，以求能更加全面、客观、公正地评价学生。

对接"绿色评价指标"，重视过程评价，开展多元评价，逐步完善学校综合素质评价制度。结合我校实际，规范使用《上海市学生成长记录册》，积极探索中小学生学业质量综合评价改革，认真做好学生综合素质评价工作，反映学生个性特长和全面发展情况，促进每一个学生全面发展、健康成长。

树立科学的教育质量观，以本市和区域学生学业质量绿色指标综合评价为契机，积极探索"大健康"理念下建立以校为本、基于过程的教育质量综合评价体系。深入实施学生学业质量综合评价与学生综合素质评价改革。创新评价方式：强化过程评价、探索增值评价、健全综合评价，加大信息技术与大数据对学生综合素养评价的支撑力。严控考试次数，严禁组织学生参加任何形式、任何范围的联考或月考,严格执行学业成绩等第制,提升基于标准的命题质量,倡导考查形式灵活多样,加强质量分析与教学改进。

根据学科课程标准,基于单元教学设计,指向学生核心素养,形成体现学习进阶的表现性评价,主要包括小组报告、活动方案、演讲表达、作品展示、项目呈现等形式。教研组充分落实《市光学校初中各学科六至八年级学期综合评价实施方案》,参照不同评价维度,指导学生在真实情境中明确目标素养导向,积极运用综合知识,完成表现性任务。语文、英语、跨学科教研组继续探索学科课时内综合实践活动,丰富表现性评价的方式与价值。通过学校读书节、科技节、艺术节、运动会、劳动实践等特色活动,真实记录学生的学习动力、主动建构、自主发展、学习过程与学习结果等要素,突出学生在综合实践活动中的整合知识的能力,强调学生在活动中培养适应未来社会生存与发展所需要的关键能力、必备品格与价值观念。持续探索依托"数字画像"大数据平台,开展学生体育素养、劳动素养、心理健康等方面的发展性评价。

四、综合素质评价体现多样化成长性

一是品德发展与素养。结合学校实际情况及综合素质评价的要求,落实学生社会实践活动形式和课时分配,社会考察以学校统一组织为主及班级或小队组织为辅的形式,以学期内和节假日共同实施的方式。二是修习课程与学业成绩。基础型学科学业成绩考核从学习成绩、学习表现和学习能力、实践能力等三个维度,制定能体现过程性学习的考核细则,以便全面、客观、公正地评价学生。三是身心健康与艺术素养。每学期在学校综合素质评价领导小组指导下,分年级确定校级团、队等德育活动,国防民防教育活动,健康教育活动,体育竞赛,艺术竞赛,科技活动,艺术、体育、社团等项目,向全校学生和家长公示,要求学生与家长根据区教育部门要求,积极参加相关活动。四是创新精神与实践能力。组织校内导师队伍,指导学生参加探究学习。

【我的手记】以核心素养为导向完善课程评价体系

课程评价是根据目标和标准,以科学的方法检查课程的目标是否实现了教育目的,实现的程度如何,以判定课程设计的效果,并据此做出改进课程的决策。学校以素养为导向,遵循教学评价一致的原则,聚焦评价目标和标准、评价功能和准则、评价主体和方式、评价量规和工具等关键要素,形成以学科的核心素养和学业质量标准为依据的课程评价体系,呈现不同课程内容的评价主体和维度,设计学生综合素质的评价方式和工具。

第四章

在「五彩课堂」上着力

　　"五彩课堂"关注学科素养、学习乐趣、问题思辨、实践体验、学习效果等要素,这些要素的单向或融合发力助推课堂从"浅层思维"走向"深度学习",为课堂教学改革找到切入点。"五彩课堂"以教学主张为载体,以课例为"通行证",使不同学段、不同学科的研究找到共同点,形成"贯通一致,节点多元"的运行图谱。

课堂是学校教学诸链条上最重要的环节,是落实立德树人根本任务的主渠道,是学校教育教学工作的主阵地,是关乎学生身心健康成长和教师专业成长最重要的场地。课堂变革一直在进行,一直在路上,因为课堂变革无终点、无止境。校长是领导课堂教学和课堂变革的第一责任人。课堂变革是校长领导教学的基本功夫,这一功夫是专业功夫,是硬功夫,需要校长不断修炼提升,聚焦素养导向的课堂,是提高学校整体教学质量的关键。对于这个命题,我的思考逻辑是学校的中心工作是教学,教学的核心环节是课堂,课堂品质是提高教学整体质量的关键。

　　我这里所说的品质课堂是指课堂教学过程中,教师紧紧围绕教学目标,针对不同层面的学生,有的放矢地设计教学策略,靶向定位、点对点解决教学中的重难点。在"竞"与"合"、互帮互助的学习氛围中共同提升,极大地激发了学生的学习兴趣,充分调动了学生学习的内驱力,提高了学生团结合作的能力,培养了学生积极思考、多元思维的习惯与能力,使学生真正成为课堂的主人,学习的主人。

　　基于以上思考,我把深入课堂作为优化办学行为的关键,走进课堂,以课堂为轴心,深入了解教师的教育理念、教学行为、教研文化、经验和不足、困惑和困难,以及改革要求与教学现状的差距,先进理念与传统行为的落差,了解学生的学习现状和需求,掌握来自课堂的真实情况,从新的视角,对学校教学不断发展作出及时、科学、正确的决策。走进课堂,通过对教学现场的观察,获得课堂教学领导的话语权,并从事实层面的教什么,技术层面的如何教,价值层面的为什么教,作出指导和引领。及时精准地把握教学改革的价值思想，关注教师教学行为背后的教学理念，鼓励和指导教师用先进的理念在课堂中进行创造性的教学活动，科学地引领学校的教学工作。通过观课议课，走近教师、了解教师，真切把握教学中的问题、困惑和需求，找出制约课堂教学有效性的因素。在此基础上，研究和完善教学管理的目标、过程、方法，制定和修改教学管理措施、规则和制度，充分运用管理手段，全面提高教学质量。

第一节　因材施教：基于儿童立场的教学变革

老子云："大道至简。"郑板桥有联曰："删繁就简三秋树，领异标新二月花。"这些至理名言对我们改革课堂教学有借鉴意义。我在课改的实践中认识到，改革课堂教学贵在"简约化"，抓主要矛盾，聚集一个观察角度——学生，选择一个立足点——学生，制定一条衡量标准——学生学得怎么样。一言以蔽之，基于学生的立场实施教学。

因材施教，典故出自《论语·先进篇》。它是我国古代教育代代传承下来的"灵魂教法"，当下依然是课程与教学改革对学校及广大一线教师提出的一项重要要求。我们始终坚持以学生发展为本，根据不同时期、不同校情学情，顺势而为、因材施教。

市光学校是上海市小班化教育实验校，以小班化合作式学习作为撬动课堂教学改革的支点。多年实践与研究，形成了小班化合作式学习策略、学习单制度、研修机制等，几乎达到了全学科、全员参与的规模，形成了大量的课堂教学案例及学习单资源。学校小班化实践的经验在长三角区域具有一定的影响。学校办学取得口碑后，加之义务教育优质均衡发展，促进教育公平等政策积极影响，我们的生源数不断增长，如何在大班额的条件下继续做到因材施教？关注个体差异，满足不同学生的学习需要，创设能引导学生主动参与的教育环境，激发学生的学习积极性，培养学生掌握和运用知识的态度和能力，使每个学生都能得到充分的发展。

事实上，基于发展核心素养，如何有效进行课堂教学改革，让教师有激情地教，让学生有活力地学，并促进学生学习方式的转变，是课堂改革的关键。市光学校在教学改革中抓住这个关键，从学生的立场出发，以学习为中心，让学生在发挥主体性的基础上经历多样的学习，获得完整的成长体验，促进了教学质量的大幅提升。

一、基于学为中心的课堂教学改进

经过反复调研，我们发现现实课堂中确实存在学生"貌似学习而非学习"的现象。学校决心改变这种现象，帮助学生从"机械、浅层、被动"学习走向"主动、灵活、持久"学习。我们提出了"尊重差异，关注发展"的课堂理念，"善学乐思、和而不同"是我们始终坚持的教学主题。从参与区域研究"创智课堂"，继续以合作学习、学习单模式、课堂教学表现样例为实践，到推进课堂文化转型的校本理解"五彩课堂1.0"的实践，到深化课堂文化转型的"五彩课堂2.0"。我们实施了"学为中心"的学导结合课堂模式，并制定了科学的评价标准，引导教师从"导学案设计""少教多学""深度学习""智慧导学""思维提升""学习力发展"等角度观察和把握课堂，促进课堂实现"学为中心"的转型。

"学为中心"指课堂教学改革落实以学生为本的理念，通过学习方式的转变，切实调动、激发学生的内在学习动力。主要体现在四个方面：一是引领学生主动学习，激发学生的求知欲和学习激情，让学生主动参与课堂学习，成为课堂的主人；二是指导学生学会学习，在学习之前，教师通过导学作业、先学任务单等形式进行学情诊断，让学生知晓自己的学习起点，寻求适合的学习方法；三是促进学生多样学习，教师用多样性的教学方法，让学生变单调的学习方式为多样的学习方式；四是引导学生深度学习，教师尊重学科特质，体现学科核心素养，并引导、组织学生"主动、灵活、持久"学习。

我们坚持学生立场，准确地把握学生的认知现状和认知规律，对"优化教师教的行为，改变学生学的方式，提高课堂教学效能，实现师生共同成长"的追求从未停止。我们始终坚持学生是课堂的主人，课堂是学生的舞台，学生应在课堂中"学会学习"，发展核心素养。

二、基于学科推进的课堂教学变革

在课改初期，学校引入并尝试导学案、先学后教、作业前置等课堂变革策略，但效果一直不如意。究其原因，我们发现在课堂教学中只是一味模仿照搬，没有根据实际引领教师反思自身。由此学校进行了从"模式化"到"学科要素范式"再到"分课型实验与学科化建设"的变化。一是从模式促进走向要素推进。在尊重课程的性质、学习目标、学情、教师风格的基础上，引领教师基于各学科要素的理解与分析进行课型架构。让课堂教学基于学生立场，适合教师个性呈现，适合学生思维提升。二是从单一走向多元。小学部的"基准课堂""创智思维课堂"，初中部的"创智活力课堂""基于问题解决的课堂""五彩要素课堂"等都是我校课堂变革的范例。

体现学科性质,结合课型特点的课堂教学样式的探索,让大家以开放、发展的眼光理解模式,探索改革,基于学科推进的课堂教学变革已经成为我校课堂教学特色。

三、基于多元路径的课堂教学改革

课堂教学改革不是孤立的,而是一项系统工程。如果只是课堂在变化,其他方面不随之变化,课堂改革也不会深入和持久。市光学校在课堂教学改革的同时将课程设计、作业改革、学习指导、综合学习、评价跟进、教学管理和德育等进行了相应的改革。

我校开展了"以作业有效性促进学生学习方式转变"的探究,引导教师探索预习作业、随堂作业、课下提升作业,将作业贯穿学习的全过程,促进学生高效学习。依托这一思路,采用校本题库建设、专题化作业研究、导学式学习任务研究等路径推进作业改革,形成了从作业改革到课堂教学改革的倒逼态势。

坚持学生立场实施教学作为治本之道,把满堂学生看作一个个鲜活的生命体,只要我们提供土壤、水分和阳光,他们就会释放生命的能量。在设计教案的时候,把教材和"教参"提供的材料与学生的认知现状相对接,认真研究学生学到什么程度了,他们真正需要学什么,然后根据学生的认知现状和能力确定教学重点、难点。把"教师教得怎么样"与"学生学得怎么样"紧密结合起来。在课堂教学变革中,学校形成了基于发展核心素养的学科育人新体系。在学法指导、综合学习、评价跟进、教学管理等领域也进行了积极探索和改革,促进了学校整体工作的提升。

【我的手记】教师要明白课堂教学的"目的"

根据教学内容,为落实教学目标所设定的,适合学习主体并作用于学习主体,使学生能够产生一定情感反应,并主动积极建构学习的,具有学习背景、景象和学习活动条件的学习环境。凡事预则立,不预则废。课堂教学亦如此。一堂课上,若师生双方都不知道这堂课要达成怎样的目标,课堂效能就无法达成。所以这也是为什么要求教师在上课前,一定要做好教学设计,而做好教学设计的第一步就是要明确课堂的目标,进而思考如何实现目标。只有教师先弄清楚了目标,才有可能让课堂教学思路变得清晰明了。然而,在现实课堂教学中,有些教师很容易忽视的一点是,课堂教学很重要的一个任务不仅是自己要清楚目标,带着目标上课,还要想办法让学生明白学习这堂课要达成怎样的目标,这需要教师提醒和引导。

第二节 转识成智:提升课堂教学的智慧含量

创新无穷期,高效不言止。随着课堂教学改革的深度演进,教学由封闭走向民主,由教师统领课堂变为师生共同探讨、参与,让学生体验成功的喜悦,真正成为学习的主人。素养培育视域下的课堂应该是一个多元的课堂、智慧的课堂,在追求减负增效的同时,聚焦智慧课堂,提高课堂教学的智慧含量十分重要。在全面推进素质教育,促进"双减""双新"有声落地,培养学生创新能力的教育理念不断深入人心之际,丰富"五彩课堂"的智慧元素是迎接时代挑战,培养学科素养的核心,是培养学生的创新思维的需要。

我校"五彩课堂"凸显智慧性,有两个主要特征:一是学习起点的真实性。教师通过找准学生的学习起点(包括知识的逻辑起点和学生学习后续的起点),顺着学生的思路组织教学。一般而言,教师通过钻研教材来寻找学生知识的逻辑起点,通过学生访谈、修改作业、课前测试和教师经验等来寻找学生的学习后续起点。二是教学推进的针对性。在教师把握了学生的学习起点之后,教学过程采取有针对性的推进,实施的时候要具体情况具体分析。如果学生已经知道的比预设的多,则加快进程,引导学生深入探索;如果学生知道的比预设的少,则放慢进程,多一些铺垫;如果学生知道的和预设的一致,则教学按原计划进行。同时,根据不同学生的不同情况进行分层教学。

一、"五彩课堂"教学样态的迭代升级

　　2017 年 9 月,学校成为杨浦区课程领导力视域下推进学校课堂文化转型项目实验校。在学校小班化合作式学习十年研究经验及"创智课堂"实践基础上,我们提出了推进课堂文化转型的校本理解"五彩课堂 1.0"。

　　"五彩课堂 1.0"其特质包括好学、悦读、想说、会做、乐群,融合多种教学模式,以促进学生学习核心素养的培育。"好学"反映学生的自主学习;"悦读"反映学生阅读的兴趣与品质;"想说"反映学生的口语及书面表达;"会做"反映学生实验、练习与实践;"乐群"反映师生、生生互动及合作式学习。好学、悦读、想说、会做、乐群的"五彩课堂"价值追求是:对接基础教育综合改革;对接"创智课堂";对接学生学习核心素养,以实现课堂增效、教师增能、课程增值、评价增质。其核心是构建"真实课程实现",让学生经历"真"学习。怎样才是让学生经历"真"学习呢? 我们认为有以下观察评价标准:一是学习过程看得见;二是学习深度理解;三是改变学

习方式;四是培养元认知;五是消除"虚假"学习。

我们通过主题报告、专家讲座;开展师生共同参与的"五彩课堂"核心词内涵征集活动、"五彩课堂"LOGO 设计比赛、"我眼(心)中的'五彩课堂'"师生大讨论等活动,加强师生对课程领导力和"五彩课堂"的理解、认同,构建"五彩课堂"文化(见图 4-1)。

图 4-1 "五彩课堂"师生感言图

我们以课程文本为载体,提升教师的课程领导力。以英语作为试点学科,对宏观层面的学校课程计划,中观层面的学科课程方案及单元教学方案,微观层面的教师课时、教学方案进行设计,打通学校层面课程文本的各个层次,使学校的课程理念能规范"落地",教师对课程的设计、执行与学校课程理念、顶层设计相一致。通过对文本设计、课程实施、反思改进,引发课堂文化转型,以提升课程领导力(见图 4-2)。

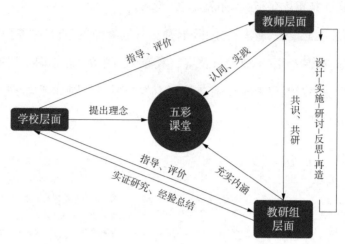

图 4 - 2　"五彩课堂"实践路径图

我们围绕"让学生想和说""让训练更有效""让教学时空延伸"的"三让"课堂教学主题，以"骨干课""再造课""市光杯"等七大类校公开课为平台，开展教学范式的实践与研讨，开展主题式教学研究和教研组"课研修"，形成"五彩课堂"制度文化。

经过三年实践，"五彩课堂"更新了师生课堂观念，创新了教师课堂行为，焕新了学校课堂名片。课堂上学生参与度与学习持久度提高了，思维有深度了，反馈更有质了；教师更关注学生了，提问更有效了，评价重激励了；师生互动、生生互动、学习合作、快乐分享、创生智慧。

随着我们对"五彩课堂"研究的不断深化，在专家指导下，我们修正了"五彩课堂"的特质。从"好学、悦读、想说、会做、乐群"迭代到 2.0 的"倾听、悦读、慧言、会做、合作"，以教师教育思想、教学理念的更新，呼应"五育融合"育人，对标课程标准、指向核心素养，更顺应中考改革对教学带来的变化，更切合我校学生总体水平及发展需要，更科学地诠释我们对课堂新样态的愿景。

二、从模块、整合到大单元学历案的设计

基于上海市教委教研室编著的《学科单元教学设计指南丛书》,我们从整体出发,考虑学科间的差异,设计了普适性工具。从"市光学校模块化单元教学设计模板和课时教学设计模板"到突出单元活动、单元作业的"上海市市光学校单元教学设计"2.0(含单元目标、单元内容、单元活动、单元作业、单元评价、单元资源等六要素),指导教研组有效、细化各项内容,更是教师个体准确落实的行动指南(见图4-3)。

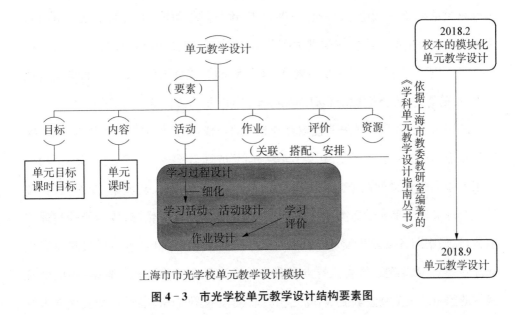

图4-3 市光学校单元教学设计结构要素图

2022年,《国家义务教育课程方案》《义务教育课程标准》开始执行。我们注重对新课标的研修,以"集中解读＋自主学习＋分组讨论"的形式,不断加深对学科新课标的理解,以"教学评一致"为检验,全学科实施大单元教学设计,凸显"五彩

课堂"的新亮点,发掘学科思维的美妙,持续推进"五彩课堂"新样态的显现。大单元教学设计可以分解出七大要素:单元规划建议、单元教材教法分析、单元教学目标设计、单元学习活动设计、单元作业设计、单元评价设计、单元资源设计。把前三个要素进行统整,就可以形成单元设计的核心内容,产生核心任务群。第四个要素单元学习活动设计更多由情景问题支撑。单元目标能不能达成,主要看活动,所以活动设计非常关键。大单元教学设计整体流程一般为:第一步,解读课标单元教材,看课标、看教材,还要看教参和教辅材料;第二步,明确学习价值,一要了解单元内容的前后关系及地位,二要从学科素养角度分析本单元的育人价值,一定要综合起来看;第三步,梳理知识结构,对单元进行解读后,要把单元的知识画成一个结构图,标出重点和难点;第四步,优化教学策略,不同的重点有不同的突破策略……单元学习整体规划大体分为:第一,知识结构图:确定核心知识;第二,选取合适大情境。基于学生经验,整合成大情境,提炼大任务;第三,设置情境任务群(问题链)。结合具体情境,针对核心知识、重难点,进行设问(见图4-4)。

2023年9月,我们紧跟课程与教学改革的步伐,在执行大单元教学设计后,继续迈步走向"素养导向、学生立场、学为中心"的新教案——大单元学历案研究。我国中小学学科课程改革大致可以划分为新课标、新教材、新教案、新课堂、新考评五个环节。大单元学历案正是基于中国课程改革的实际情况、成功经验与现实挑战,扎根中国各基地学校,所建构出来的一种新教学设计。素养导向的新课程标准呼唤"大单元"教学,育人导向的教学专业实践需要重建教学方案,高质量发展下的因材施教需要有新突破,与之相应,教学方案应当从"面对一个班级学生群体"的施教方案,转向"让不同的学生经历不同的学习"的助学方案,实现因材施教的"迭代升级"。设计大单元学历案有几项关键技术:单元学习目标需要依据学业质量编制,要"看得见"核心素养的落实;评价任务的设计要先于学习过程,以便达

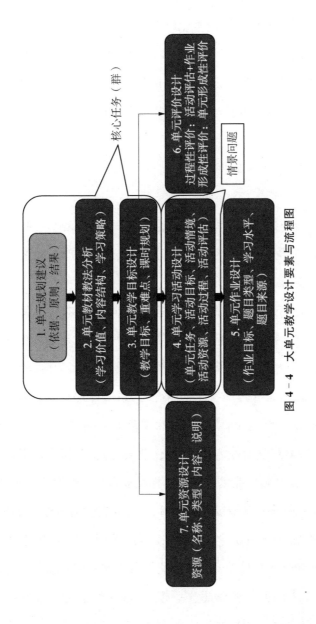

图 4 - 4 大单元教学设计要素与流程图

单元规划建议
（依据、原则、结果）

1. 单元规划建议
（依据、原则、结果）

2. 单元教材教法分析
（学习价值、内容结构、学习策略）

3. 单元教学目标设计
（教学目标、重难点、课时规划）

4. 单元学习活动设计
（单元任务、活动目标、活动情境、活动资源、活动过程、活动评估）

5. 单元作业设计
（作业目标、题目类型、学习水平、题目来源）

6. 单元评价设计
过程性评价：活动评估+作业
形成性评价：单元形成性评价

情景问题

核心任务（群）

7. 单元资源设计
资源（名称、类型、内容、说明）

成教学评的一致性;学习过程的设计需要体现进阶性、结构化与实践性特征;作业与检测的设计需要体现整体性、校本化以及与目标的匹配度;学后反思是单元学历案的重点,教师需要对照素养目标,按反思的层级设计好学后反思的路径或支架,引导学生实现教下去的是知识,留下来的是素养。唯有如此,教师才会从教书走向育人,让教育回归育人本质,也才能真正实现新课程所倡导的课程育人。

三、从规范到优化的校本作业设计

作业设计、布置与批改是课堂教学的继续,是教学活动不可缺少的有机组成部分,是学生巩固所学知识和教师反馈教学信息、改进教学的重要手段。我们制定四"加强"六"不得"规范作业管理。

四"加强":一是加强作业统筹。严格控制作业总量和时长,每天书面作业时间六年级不超过 60 分钟、七至九年级不超过 90 分钟。二是加强作业设计。倡导教研组、备课组、教师开展作业研究,发挥作业诊断、巩固、学情分析等功能,系统化设计(选编、改编、创编)符合年龄特点和学习规律,体现素质教育导向的基础性作业;鼓励布置分层、弹性、个性化作业;注重培养学生自主学习,设计探究性作业、实践性作业,探索跨学科作业、综合性作业,进一步创新适合不同学生学习需要的作业形式。三是加强作业批改。教师要对布置的学生作业全批全改,批改作业要规范、认真,要求学生对错误作业及时订正,及时做好向学生的反馈、答疑等工作。通过作业情况精准分析学情,采取集体讲评、个别讲解等方式有针对性地及时反馈,强化作业批改与反馈的育人功能。四是加强作业辅导。充分利用课堂教学时间和课后服务时间加强学生作业指导,培养学生自主学习和时间管理能力。个别学生经努力仍不能按时完成作业的,教师应有针对性帮助学生分析原因,加强学业辅导,提出改进策略。

六"不得":不得超过课程标准要求;不得布置机械性、重复性、惩罚性作业;不得用手机布置作业;不得要求学生利用手机完成作业;不得给家长布置或变相布置作业;不得要求家长批改作业。

学校明确高质量作业要体现基础性、提高针对性、注重发展性。体现基础性,确保作业难度不超过国家课程标准要求,鼓励学校系统化选编、改编、创编符合学习规律、体现核心素养导向的基础性作业。提高针对性,针对学生不同情况,精准设计作业,根据实际学情,精选作业内容。注重发展性,鼓励教师科学设计探究性作业和实践性作业,探索跨学科综合实践性作业。

先后制定《市光学校作业设计及管理细则》《市光学校实施"双减"政策下的作业管理增补细则》《市光学校作业质量定期评价制度》,不断完善学校作业管理与指导,建立作业管理长效机制,经常性组织开展教师培训和教研活动,定期开展业务自查,举行优秀作业评选与展示交流活动。教学部加强对学校作业设计与实施的研究和指导。学校切实履行作业管理主体责任,加强作业统筹和全过程管理,把作业设计、批改和反馈情况纳入对教师教学绩效的考核评价(见表4-1)。

表4-1 市光学校作业质量定期评价表

班级: 　　　　学科: 　　　　任课教师:

检查类别	评价指标	评价要求	评价分值	作业得分	备注说明
每周作业公示	作业时长	六年级:平均每天60分钟以内 七至九年级:平均每天90分钟以内	10		
	作业内容	基础性作业符合课程标准和学生共性要求	10		
		分层、弹性、个性化作业符合学生身心发展规律	10		

检查类别	评价指标	评价要求	评价分值	作业得分	备注说明
学生作业质量	格式规范	书写规范、书面整洁	10		
	作业时长	书面作业时长不超过规定时间	10		
	完成质量	正确率高，能及时订正	10		
作业设计及批改情况	作业设计	符合校本作业高质量要求	10		
	格式规范	批改规范，批改及时	10		
	作业批语	具备指导、鼓励和个性化等特点	10		
综合	实施成效	作业公示与作业实际布置情况吻合	10		
总计			100		

检(抽)查教师：

时间：

四、提升课堂教学效能的命题设计

学业质量监测是学科评价学业水平的基本手段之一。评价测试的内容及形式对"教师教什么，如何教"作出具体的导向，也是对学生的知识和技能进行阶段性和总结性检查与评定的手段，是教与学两个方面的深化与提高。为进一步规范学业质量检测与评价管理，落实"双减"精神，保证命题考试工作的有效实施，确保质量监测成绩的真实有质，结合区域学业质量"减负提质"要求，及学校实际情况，制定《市光学校命题管理制度》。确定命题依据，以上海市现行的初中各相关学科课程标准及教学基本要求为依据，加强与社会实际和学生生活的联系，注重考查学生学科知识与技能、过程与方法的掌握情况，特别要注重考查在具体情景中综合运用所学知识分析和解决简单问题的能力,杜绝偏题和怪题。明确命题原则,坚持导向性、层次性、科学性、明确性、创新性,规定要求、步骤等。

【我的手记】教师要明白课堂教学的"路线图"

当我们坐在学生身边,观察他们在课堂中是如何思考、如何与同学互动、如何处理错题与难题时,就会发现,并非所有的学生在课堂中都经历了真实的学习。相当一部分学生或者没有达成学习目标,或者没有产生认知能力、学习能力的增长,反而在学习中养成了被动的学习心态和不良的学习习惯。课堂教学达成教学目标的过程,就是要规划好课堂教学的"路线图",具体而言就是需要教师选好课堂教学生动鲜活的情境材料,设计恰当有效的课堂活动,运用精准贴切的教学方式,在教师的预设引领下,学生都能跟着最优化的线路学习增智。

第三节 激活学习:把握学科实践的多样形态

课堂教学绝不是课前设计和教案的展示过程,而是不断思考、不断调节、不断更新的生成过程。这个过程也是师生富有个性化的创造过程,激活学习的过程。为了有效地促进和把握生成,老师不断地捕捉、重组课堂教学中从学生那里涌现出来的各种各样的信息,把有价值的新信息和新问题纳入教学过程,使之成为教学的亮点,成为学生智慧的火种,让学生在参与和体悟问题解决的过程中,既长知识又长智慧,在生成中建构属于自己的认知结构,真正促进学生的可持续发展。教师的教学智慧是教师个性的独特表现,具有鲜明的个体性,即每一个教师的教学智慧都与他人有明显的区别,它是教师在教学实践过程中突发的灵感,是教师创造性思维的外显。它表现为教育方法的灵活运用,体现教学风格,表现出与众不同的课堂教学行为表现和处理教学问题的独特方式。

激活学习是教师在课堂教学实践过程中对复杂教学关系的顿悟,体现教师的具体课堂教学情境中的随机应变能力。激活学习是教师的隐性知识被激活并显性化的过程,它关注教学实践活动对学生身心发展所产生的实际效果,反思自己的教学行为,有意识地改变自己的教学行为,并直接导致教学行为的创新。

课堂教学效率的高低直接影响到教学质量的好坏,要获得课堂教学的高效率,最重要的一个方面就是要激活课堂。我校教师在激活五彩课堂要素的实践中,把握感情基调,找好切入点,用生动灵活的教学方式,焕发课堂活力,形成了多样的课堂实践新样态。

一、实施素养立意的"五彩课堂"学习

"倾听、悦读、慧言、会做、合作"的"五彩课堂 2.0"特质均是指向核心素养的学习样态。"倾听"是指学生能够聆听他人的观点、意见和经验,以真诚和尊重的态度去倾听,并理解对方的意图和感受。倾听能够帮助学生建立良好的沟通和人际关系,增强自己的社交技巧和情商。"悦读"是指学生对阅读充满兴趣和愉悦,并从中获得启迪、知识和情感体验。悦读培养学生的阅读能力和阅读理解能力,提高语言表达和思维能力,丰富学生的文化修养和世界观。"慧言"是指学生能够以准确、清晰和有逻辑性的语言表达自己的思想和观点。慧言培养学生的口头表达能力、逻辑思维和批判性思维,帮助他们有效地交流和沟通,展示自己的观点并与他人建立深入的对话。"会做"是指学生能够将所学的知识和技能应用于实际情

境中,解决问题、创造和创新。会做培养学生的实践能力、问题解决能力和创新能力,鼓励他们勇于尝试和实践,从错误中学习并不断改进。"合作"是指学生能够与他人一起协作、分享和共同努力,共同完成任务、解决问题或达到学习目标。合作培养学生的合作精神、团队意识和社交技能,提高他们的协作能力和人际交往能力。这些学习样态互相交织、相辅相成,共同构建起一个全面发展的学习模式。通过培养倾听、悦读、慧言、会做和合作的能力,学生能够获得更全面的素养,更好地适应未来的学习和工作挑战(见图4-5)。

形象:课堂上学生举起的手掌,代表着主动参与、
自信表达、动手实践、学以致用;
e代表education,表现五彩课堂的教育属性。
色彩:红色-兴趣、关注,倾听;
　　　绿色-平静、清新,悦读;
　　　蓝色-冷静、理性,慧言;
　　　橙色-安全、工程,会做;
　　　金色-欢快、分享,合作。

图4-5 市光学校"五彩课堂"LOGO释义图

自2019年第一届"市光杯"教学竞赛起,"市光杯"成为学校"五彩课堂"展示、研讨的重要平台。即使在线上教学期间,也没有中断暂停,12位教师参赛,听课教师数达二百余人次,最后评出"慧心设计奖""灵动魅力奖""创意活力奖""智行潜力奖"。作为暑期校本研修的经典活动,"新赋能,融特质,慧设计"——第四届"市光杯"教学活动续篇是教师参赛教学经验的分享,是教研组同台协作的展示,更是学校五彩课堂探索之路上迈出的又一次坚实的步伐。一段凝聚参赛教师课堂精华的教学片段视频拉开了活动的序幕。慧心组、灵动魅力组、创意活力组、智行潜力组依次上台发表她们的教学感悟。

慧心组面对线上教学,遇到了师生互动、学生参与、课堂评价等困难,她们直面问题,立足学生主体,增加互动形式,提高师生互动频率,关注学生心理,利用平

台上传照片等，逐步化解难题，她们笑称这是"打怪升级，见招拆招"的过程。

灵动魅力组关注学科思维，培养学生在真实情境中感知学科知识。化学课利用暖宝宝做实验，激发学生兴趣；音乐课鼓励学生大胆想象，与歌曲产生情感共鸣；地理课设计专属问题，分类分层指导；语文课斟酌课堂语言，组织学生开展喜闻乐见的活动。

创意活力组注重教学策略，在引导学生深入思考上颇有心得。英语老师通过有趣的问题引导学生进入阅读文本的情境，通过上下文掌握理解词义的阅读技能；体育老师通过纠正学生连环拳的动作，提高武术动作准确性；数学老师通过分组探讨的方式探究学习。

智行潜力组重视在课堂内容与课后作业上紧密联系生活实际。课堂教学设计上使用信息技术创设真实情境，如数学老师提供生活物品建立空间概念，语文老师联系学生居家园艺生活。课后作业上培养学生运用综合能力解决问题，如历史老师设计仿制历史文物的作业，生命科学老师设计跨学科类作业（见表4-2）。

表4-2 市光学校创智课堂评价表
创生教学智慧 打造优质课堂
市光学校创智课堂评价表 2023年9月修订（试用版）

任课教师		学科		班级		评价人				
课题				日期	___年___月___日					
课型		新授 习题 复习 实验 其他				上午 下午		第___节		
评价内容		评价观察点		评价提示		权重	分值	得分	合计	
教学预设	学习目标	目标准确，体现学科核心素养的培养要求		与课堂观测结果结合评价		1	10			
	学习内容	内容科学，预设学习任务和过程清晰合理		"单元——课时"结构化设计		1	10			

评价内容		评价观察点	评价提示	权重	分值	得分	合计
教学实施	学习环境	氛围民主,创设充分的思考与表达空间	课堂上的师生关系(心理环境)	0.7	7		
		资源适切,提供的学习支架能引发主动参与	与学生经验、学习内容相适应	0.5	5		
	学习过程	教学流程清晰,学习指导精准	教师的学科素养	0.8	8		
		活动形式多样,活动过程流畅	组织教学的常态化表现	0.6	6		
		技术运用有效,促进学习理解	技术赋能	0.7	7		
		问题指向明确,具有挑战性	提问有价值、培养学生高阶思维	0.5	5		
	课堂调控	注重信息反馈,教学节奏合理	教学生成与学程推进	0.7	7		
		关注学习表现,评价及时多元	如表现性评价与结果性评价结合;多主体评价;反思性评价	0.5	5		
教学效果	学习参与	能专注于学习活动,有较高的参与兴趣	学习动力的激发(主动性)	0.6	6		
		能提出自己的想法,主动与同伴交流分享	学习行为的塑造(协作、共享)	0.6	6		
	思维发展	能理解并运用所学的知识和技能	学习反馈	0.8	8		
		能根据学习内容,主动提问或质疑	思维品质提升	0.5	5		
		能提出个性化的解决问题的方法或观点		0.5	5		

总体描述	（如果课型特殊，观察点未能反映出来，可以在总体描述呈现）				
评价 等级	优秀	良好	合格	等级	总分
	90—100	80—90	60—80		

二、推动拓展边界的项目化学习

项目化学习是深化教育教学改革、促进素养落地的一种重要载体，也是落实新课程方案、新课程标准、新教材的重要载体之一。《中共中央 国务院关于深化教育教学改革全面提高义务教育质量的意见》指出，推进综合学习。整体理解与把握学习目标，注重知识学习与价值教育有机融合，发挥每一个教学活动多方面的育人价值。探索大单元教学，积极开展主题化、项目式学习等综合性教学活动，促进学生举一反三、融会贯通，加强知识间的内在关联，促进知识结构化。

根据新课程方案、新课程标准，我们联通"课内""课外"，实施综合实践活动，开展项目式学习。比如，语文学科在第四学段根据新课程方案，学科综合实践活动不少于10%的要求，学期中6课时用于完成教材中综合性学习的实践活动，围绕教材要求和内容开展相关活动；跨学科主题活动安排4课时，在坚持学科立场的基础上打破学科界限，围绕必读名著书目，开展整本阅读、经典阅读，以阅读打开"悦读"之门，挖掘可供探究的素材，将两门及以上学科的内容进行整合，以中心主题统筹教学目的、内容、方式及评价要素，推进语文统编教材"五彩课堂"实践研究。语文学科教研组长蔡琨以《学做生活的观察员——指向语文学科素养的跨学科项目化学习的实践浅谈》为主题，列举八年级第一学期第一单元"活动·探究"

的例子,介绍学生通过完成新闻阅读、新闻采访、新闻写作三个任务,在真实世界中学习语文,运用语文思维表现真实世界(见表4-3)。

表4-3　语文综合性学习计划表

年级	主题或内容	素养目标	跨学科	课时数
六年级	有朋自远方来	通过网络和图书馆资料等方式收集并研究自我介绍的创意表达文本和方式,撰写有创意的自我介绍。	美术 信息技术	3
	童年修炼手册	通过动手做童年手工小玩具(竹节人、沙包),绘制童年回忆以及运用信息技术制作电子相册等形式,来寻找"童年"难忘的时刻,讲述自己的童年故事。	美术 劳动技术 信息技术	4
	遇见我的 idol	通过网络和书籍等多种形式的资料查询和收集,结合心理课上的知识,体悟古人的心理,并探询其高尚的精神品质,思考其精神对自我的意义,可通过绘画和文字的形式娓娓道来。	美术 心理 信息技术	3
	未来,我们怎么上学	通过将科学知识和网络上的信息资料进行整合,让学生开动大脑,思考绘制未来人的生活场景。	科学 美术 信息技术	3
	地球不流浪	通过观看电影《流浪地球》,将地理课上的生态环境保护的现状和文本《只有一个地球》相结合,让学生思考如何让地球不流浪,撰写倡议书。	地理 信息技术	3
	世界奇妙遨游之旅	通过将地理和社会进行综合,学生运用所学的天气气象和人文风情知识,并结合网络资料的信息收集,撰写自己的世界奇妙之旅,成为第二个小小鲁宾逊。	地理 社会 信息技术	4
七年级	说说鲁迅笔下的"小人物"(名著导读《朝花夕拾》)	通过阅读《朝花夕拾》,结合网络相关阅读资料,挑选出让自己印象深刻的"小人物",为其制作人物卡片。	美术	3

年级	主题或内容	素养目标	跨学科	课时数
	少年正是读书时	学生以个人为单位，选择自己近期阅读过的认为值得推荐的课外读物，参考阅读资料后制作好书推荐PPT，向同学介绍并做推荐。	信息技术	2
	"取经路"上的人物图谱（名著导读《西游记》）	通过阅读《西游记》，选取"取经路"上令自己印象深刻的小说人物，概括其人物特点，制作人物阅读书签。	信息技术 美术	3
	命运的"三轮车"（名著导读《骆驼祥子》）	通过阅读《骆驼祥子》，结合相关阅读资料，以小组为单位分析祥子最终走向堕落的原因，并制作祥子命运图谱。	美术	3
	有国才有家	结合"修身正己"单元学习内容，课外收集具有相类似精神品格的人物故事并有自己的解读，班内举行"有国才有家"的故事讲演比赛，感知"天下兴亡匹夫有责"。	道法 音乐	2
	跟着船长去旅行（名著导读《海底两万里》）	根据《海底两万里》的阅读内容，绘制"鹦鹉螺号"的航海线路图，并以阿龙纳斯教授的口吻撰写一篇航海日记，体会儒勒·凡尔纳笔下神奇的科幻世界。	美术 地理	3
八年级	我们的互联网时代	通过小组合作的调查问卷和交流讨论，整合学生互联网使用现状，归纳关键词，并根据现状提出合理化建议，倡导规范文明使用语言文字。	信息技术	3
	身边的文化遗产	通过小组合作探究，结合线上线下资料整理，规划文化遗产导览图和讲解稿，并进行实地行走，提高传统文化和历史的认知程度。	地理 历史	3
	名著零距离	通过整理六至八年级名著相关内容，了解名著的创作背景内容主旨和重要情节。小组合作以不同的展示方式，例如海报视频等解读名著。	艺术 信息技术	3

年级	主题或内容	素养目标	跨学科	课时数
	倡导低碳生活	通过小组合作的调查问卷和交流讨论,整理现代人生活方式及其碳排放,建立班级碳银行和每位同学的碳户头,提倡低碳减碳生活方式。	物理 化学 生物	3
	古诗苑漫步	根据学习课本古诗词并拓展课外内容,小组合作探究,围绕各自主题组织古诗主题活动。	综合实践活动	3
	讲演小擂台	初步了解说理文撰写特点,以辩论的活动形式把握说理的基本方式方法。	综合实践活动	3
九年级	君子自强不息	通过图书馆和网络等资源检索、搜集资料,并能进行筛选和分类,以关键词形式概括出"自强不息"精神的具体表现,以此为依据,形成典型人物事迹,并进行演讲。	美术 信息技术 道法	3
	走进小说天地	围绕小说单元中对比写法的共性,通过图文并茂绘制人物图像和表格填写,感受人物性格特征的变化。	美术	3
	四海为诗	研读教材中 13 首诗歌,关注诗人情感的具体意象,借助多种形式阅读和演绎诗歌,感受诗歌的美感,弘扬诗歌文化。	艺术	3
	岁月如歌——我们的初中生活	总结四年初中学习、生活的得失,重温初中生活的欢乐与美好;学习根据需求获取、筛选、整合资料的方法及制作班史的技巧。	历史 音乐 信息技术	3
	家国担当	通过撰写推荐词,对古诗文篇目中的英雄抒发崇敬和赞美之情;在讲述故事、概括评价、补白细节中了解古人的政治才能和军事智慧,促进学生精神成长。	历史 地理 道法	3
	生活有戏	以教材中三篇戏剧课文为基础,通过品味戏剧台词,分析人物形象,提升分析和鉴赏能力;通过演绎戏剧,借助语文、表情来表现戏剧人物的内心,体会人生百态。	艺术 劳技 信息技术	3

三、开展融合创新的跨学科主题学习

《义务教育课程方案（2022 年版）》中指出：设立"跨学科主题"学习活动，加强学科间相互关联，带动课程综合化实施，强化实践性要求。近年来，我校注重跨学科主题学习的开展，以学生核心素养的培育为出发点和落脚点，注重学科知识的整合发展，强调现实问题的跨学科解决，关注学科核心概念及跨学科大概念的运用，培养学生的理想信念、社会责任感、创新精神与实践能力等，推动学生把当下所学与所处的学校情境、社会情境和未来职业情境加以联结，提供给学生综合运用不同学科领域的内容和方法解决问题或完成任务的机会。

学校根据《初中地理和生命科学学科开展跨学科学习的教学指导意见》，设置地理方面 6 个课时（图表阅读方法、基本原理与规律、区域位置特征）＋生命科学 5 课时（人体与健康、生物类群、生态系统与真实生态）＋项目式学习 9 课时（对照信息提取与处理、问题分析与质疑、结论阐释与创新），学生综合运用所学的学科知识来分析和解决实际问题的能力，提升综合素养。比如，生命科学教师孙伟婧以《小小建"模"师——指向创新素养培育的跨学科项目化学习的初浅研究与实践》为主题，重点介绍了参照"普通高中生物学北京教研基地"的教学环节设计，围绕"探究吸烟对健康的危害"这一基于真实情境问题进行单元课程设计。教学环节强调了真实情境、跨学科知识和评价任务，力求通过跨学科项目化学习来培育符合杨浦区诠释下的学生创新素养（见表 4－4）。

表4-4 跨学科课程课时安排表

单元板块	学习主题	课时	学科核心素养
地理知识框架	地图阅读技能	1	区域认知 综合思维 地理实践力 人地协调观
	区域特征	4	
	原理与规律	1	
生命科学知识框架	人体与健康	2	生命观念 科学思维 探究实践 态度责任
	生物类群	2	
	生态系统与城市生态	1	
跨学科综合运用	材料信息提取策略	2	信息提取与处理 问题分析与质疑 结论阐释与创新
	审题与答题策略	2	
	阐述题答题策略	2	
	案例训练	3	

为进一步强化做中学、用中学、创中学,激发学生好奇心、想象力、探究欲,提升学生解决实际问题的能力,发展学生科学素养。根据学科类教学要求,加强实验教学。结合中考物理实验操作、中考化学实验操作的跨学科主题学习,为中考计分科目,平均每两周安排1课时,学年不少于20课时,完成二十个主题化、项目式学习等综合性教学活动(见表4-5)。

表4-5 理化跨学科实验探究课程安排表

单元板块	学习主题	课时	学科核心素养
仪器的基本使用	计量仪器	1	认识与理解 观察与操作 运用与实践 科学态度
	光学、电学仪器	1	
	粗盐提纯的仪器	1	
	实验室制取气体仪器	1	

单元板块	学习主题	课时	学科核心素养
测量(操作)类实验	力学实验	1	实验操作 数理应用 观察与探索 分析与综合
	光学实验	1	
	电学实验	2	
	物质的检验与鉴别	2	
	过滤与结晶	1	
探究类实验	力学实验	2	收集与处理 质疑与批判 创新与拓展 合作与交流 自主发展 社会责任
	光学实验	1	
	电学实验	1	
	溶液酸碱性的探究	1	
	稀酸的性质	1	
	金属活动性顺序的探究	1	
其他实验	验证类实验	1	科学思维 科学精神
	DIS 实验	1	

　　除学科课时内实施综合实践活动,我们还在课后服务时段,通过拓展课程、探究课程、社团课程等开展项目式学习。比如,气象主题阶梯型课程、智能家居、音随心动、快乐成长整理术、益动少年等。

　　【我的手记】教师要明白课堂教学的"风向标"

　　课堂教学的根本目的是教会学生掌握学以致用的"本领",教师在课堂教学时要有意识,有方法打开学生的视野,引导学生将所学转换成对生活的所思,进一步转换成学生在生活中的所用。因此必须打破以学科为界限,知识技能为绝对内容,教师传授为主要途径的"小课堂",逐步走向关注课堂生成,运用信息技术,创设学习情境,联系社会生活的"大课堂"。应该让学生在学习的过程中提前了解社会,学会用所学、所知解决实际问题。

第四节　技术赋能:追求课堂教学的新颖方式

教育部《教师数字素养》中提及的数字化意识、数字技术知识与技能、数字化应用、数字社会责任感和数字化专业发展这五个维度的要求,指出义务教育课程标准中各门学科的信息技术要素,为教师数字素养的提升指明了方向与路径。课堂改革是一切改革的关键,数字信息技术赋能课堂既是教学方式的变革,也是学习方式的变革。数字课堂作为新的实践样式与课堂样态,意在打破学段间、学科间、班级间、课内外的界限,努力突破课堂的时空壁垒,促进学科的渗透与融通,促成思维的跨越与创新,推动课堂的变革与再生,助力学生核心素养的培育,实现"减负增效"与全面提升学校育人质量的愿景。

多年来,我校注重促进信息技术与教育教学的融合创新,倡导教师用现代信息技术赋能"五彩课堂",加强课标和教材研读,发展核心素养,充分发挥学生的主体作用,注重课堂教学的生成性,持续为学校教师搭建了展示交流的平台。在打磨与历练中,教师不断学习,不断探索,不断反思,夯实功底,提升了专业素养和教育教学水平。信息技术与课堂教学的有机融合也有助于提高课堂教学实效,促进课堂教学改革,持续提升教育教学质量。

一、信息技术助推教学方式变革

现代信息技术带来了新技术、新设备、新模式的探索，推动了传统教育理念、模式与方法的变革，推动了学习方式和形态的转变。运用信息技术，促进教学方式改革，是信息化社会对教育发展的基本要求，教师主动适应信息化、人工智能新技术带来的教育教学变革，用新的技术去优化课程教学，进一步激发学生的学习兴趣。

自 2017 年 9 月，学校先后成为杨浦区"创智云课堂"项目实验校、上海市数字教材项目实验校、上海市基础教育数字化转型项目教学应用"三个助手"试验校。通过建立校内、校外的数字化交互学习平台，包括备授课中心，内容、题库和数据同步中心，教学资源制作工具，应用管理平台等，为教师提供了丰富的教学素材，满足了备课、授课和测评的需求。借助平台丰富实用的功能，市、区、校合力共建，不断充实优质课程和教育资源体系。将创智云课堂、数字教材、"三个助手"与"一师一优课""晒课"活动结合起来，大力推进示范课程资源库建设。数字化交互学习平台有利于满足在大班额授课制下落实自主、合作、探究等多样化、个性化学习的要求，为突破"一位教师无暇同时应对数十位学生"的现实束缚提供了可能。教学过程、生成的资源和成果都能完整、及时地在平台呈现出来，教师能实时了解学生的学习状态和效果，进一步调整教学。这种以智慧教育手段实现的新型教学模式，不只关注学生知识、技能的培养，更关注他们的成长状态，以教师的智慧激发学生的潜能（见图 4 - 6）。

图 4‑6 "三个助手"教学展示交流活动推文截图(照片由学校提供)

二、课例研修提升教师技术应用能力

数字化时代,师生之间不再是简单的知识传授关系,许多教师成为学生学习的陪伴者、课后的答疑者。随着教育信息化的纵深发展,当今时代对教师的综合素养提出了更高要求,如教师是否具备对文本、图片、声音、动画等资源进行加工处理的能力等。

为了有效融合信息技术与学科教学,推动各学科落实核心素养,深化信息育人课堂教学改革,学校开展了"技术赋能,助力课堂"课例研修活动,以此促进学校教师专业能力提升,加强教师队伍建设,营造聚焦课堂、互动学习的良好教研氛围。技术赋能,助力课堂。在展示课例中,每位教师都展现了各自的教学风格。老师们以课程标准为指导,认真研读教材,精心设计教学环节,以丰富多彩的课堂活动调动不同层面的学生积极性,发挥学生的主体作用;以专业又富有感染力的语言和贴近生活的问题情境,引导学生思考探究,激发学生的学习兴趣;利用信息技术打造智慧课堂,呈现教学新思路、新方法。在教学过程中,老师们坚持启发式教学,巧妙点拨,引领学生体验、思考、讨论、探究,课堂教学实效显著提升。老师们的课堂教学思路清晰,环环相扣,张弛有度,既凸显了学生的主体地位,又彰显了教师深厚的教学功底。

　　教育技术改变了"教"与"学"的时空关系,技术赋能教育场景无处不在,经历了全员的线上教学,线上线下混合式教学,师生熟练掌握腾讯会议、Classin 等平台的各种信息化教学手段,根据教学需要适切运用微课制作、"双师"模式、课堂录制与回放等,满足不同学生的学习需要。教师可以开展线上教研,打破时空局限,在减少时间成本的同时能和更多的教师进行交流。

三、数字技术撬动学校教育评价变革

　　中共中央、国务院《深化新时代教育评价改革总体方案》指出,创新评价工具,利用人工智能、大数据等现代信息技术,探索开展学生各年级学习情况全过程纵向评价,德智体美劳全要素横向评价。2019 年实施的《上海市初中学业水平考试实施办法》在考试方式上新增了外语科目的听说测试(采用人机对话方式),综合测试考试设物理和化学实验操作考试(从人机共批到机批)。我们迅速顺应中考改革,在学校建设符合标准化测试的英语听说教室和物理、化学实验室。将英语听说和理化实验操作以学科拓展、探究排入课表,满足学生日常训练、自主学习的需要。

以学生数字画像技术,全面丰富对学生德智体美劳全要素的评价方式,充分利用评价数据,实现评价结果的科学化、可视化、个性化,提高学生全面发展的科学性、有效性和实用性,为教育教学提供个性化建议和指导。

第五章

在「五彩教师」上着色

　　对照"有理想信念、有道德情操、有扎实学识、有仁爱之心"的"四有"好教师标准，着力加强师德师风师能建设，遵循教师成长规律，优化和完善教师发展平台，形成良好的教师专业成长机制，引导教师"堂堂正正养德，规规矩矩修身，兢兢业业教书，踏踏实实育人"，形成一支专业化、学习型、发展型团队。

在学校管理中,校长的任务主要是设法为发挥教师的才智创造适宜的条件,最大限度地调动全体教师的积极性与创造性。我在引领教师专业成长中,坚持以"四有好教师"为标准,尊重教师的成长规律和个性特长,努力建设高素质专业化教师队伍,大力提高教师教育教学能力。学校把"五彩课程""五彩课堂""五彩师训"作为教师发展路径,依托课程建设和课堂文化转型,持续加强教研组建设,搭建"五层级"教师人才梯队培养,着力培育专业型的骨干教师群体,建设一支具备"厚生乐教,博学严谨"教风的教师队伍。

学校尊重教师个性化需求,重视教师专业化发展,师训部通过问卷调查、沟通交流、询问观察等方式深入了解教师,客观分析每位教师发展基础和现状,努力搭建发展平台,规划专业发展方向;我们将根据教师年龄、职称、学科等属性,分层、分类、分期梳理教师规划成长路径,明确教师成长阶梯。学校组织教师先后完成了《个人情况排摸表》《意愿征询单》《上海市市光学校教师专业成长计划》和《教师个人自主发展五年规划》,通过个人自评、考核小组评价、校长意见和汇总评价等,共同完成《2021年综合指标达成情况评价表》。

学校结合五年发展规划中对教师队伍的设想,构建了一年期的见习教师、三年期职初教师、35周岁以下青年教师、精进队和骨干教师"五层次"教师梯队培养,为各个层次的教师搭建适宜的发展平台,一年期教师严格按照区见习教师规范化培训进行培养,以培养教育实践能力和职业素养为目标,通过实践锻炼和导师指导,提高新教师的教学技能和育人水平;三年期职初教师注重课堂教学,以适应教育教学工作为目标,通过实践锻炼和培训学习,提高新教师的教学水平和班级管理能力,使其能够胜任教育教学工作;35周岁以下青年教师研修活动以培养青年教师后备军为目标,通过多种形式的培训和实践锻炼,提高青年教师的综合素质和教学能力,使其能够胜任教育教学工作并具备未来的发展潜力;精进队以提高教育科研能力为目标,推动教育理论创新和课堂实践,为学校教育改革和发展提供智力支持;骨干教师以培养教育教学骨干为目标,通过专业培训和实践锻炼,提高教师的教学水平和专业素养,使其能够在教育教学工作中发挥示范和引领作用。

完善研修模式,提升教师专业素养。根据"五层级"教师人才梯度培养要求,开展形式多样、有针对性、个性化的培训。坚持贯彻"全覆盖、全方位、全过程"的原则;规范、适切地构建符合我校教师专业发展及学校内涵发展需求的校本研修课程;实施"分类实施、分层推进、按需施训"的研修策略;形成"专家引领、团队合作、同伴互助、个人实践"的研修模式,开展"教、研、训"一体的分层、分类、分梯队的校本研修。

搭建多元平台,助推教师专业发展。见习教师规范化培训:根据《杨浦区中小学(幼儿园)见习教师规范化培训实施方案》等文件要求,配合好培训基地学校,保证见习教师参加基地校培训时间,做好沟通;安排好本校跟岗培训,实行"师徒带教+青年教师团队式研修+岗位实践"的模式,"浸润·规范"地开展培训,使见习教师在职业感悟与师德修养、课堂经历与教学实践、班级工作与育德体验、教学研究与专业发展等方面快速成长,尽快胜任教育教学工作。

青年教师专项化培训。青年教师专项化培训针对青年教师特点,注重专业素养和教学能力的提升。通过开展教育教学研究、教学竞赛、公开课展示等活动,激发青年教师的创新精神和实践能力,提高其教学质量和效果。

精进团探究式研修。精进团教师探究式研修以培养教育科研骨干为目标,强化科研能力和学术素养。通过课题研究、学术研讨、参加学术会议和市区级征文比赛、教学比赛、公开课展示等方式,提高科研教师的科研水平和课堂教学能力,推动教育理论创新和实践研究。

骨干教师辐射式研修。学校除了优先推荐骨干教师参与校外优质培训外,对于骨干教师主要还是在教研实践中通过在辐射中研修的方式,促进骨干教师不断发展。各类骨干教师在任期内是有不同的任务单的:公开教学、主题发言、课题研究、结对带教、课程开发、微讲座、骨干述学等,在教育教学实践中不断加强自我研修、经验总结、提炼升华。关注真实课堂,抓校本研修真问题。教师专业发展的根基是课堂,围绕真实课堂问题的校本研修才能促进师生的共同发展。我校校本研修以"新优质学校""课程领导力"等教育综改项目实践研究为抓手,以课堂为落脚点,分层分类分梯队开展研修活动。校级领导直接负责,骨干教师牵头引领,青年教师担当主力,其他教师逐步跟进,在课堂实践与项目研究中激发教师专业发展内驱力,让一部分优秀骨干教师脱颖而出。

第一节　课堂精进团:锤炼高质量教学模式

"课堂精进团"成立于2021年5月,共35人组成。一级教师23人,二级教师12人,35周岁青年教师10人,区级骨干教师11人。根据课程实践、教学探索、科研成果、带教工作、专业素养和其他发展六项指标,对"精进团"成员进行学期考核。"精进课堂"是以"精进教学能力,打造五彩课堂"为主题的教学活动,老师课堂教学设计有结构,有逻辑,有思考,有文化浸润,有学生审辩,其中"板块结构化"和"环节逻辑化"促进"精进课堂"深度实践,教师努力成为一个让自己有温度,让学生有审辩思维,让同事间有合作的"课堂精进"者。一个人可以走得很快,一群人才能走得更远,成长精进课的背后是教师深思逻辑、深钻学情、深挖教材、深研课堂,以最简路径促进学科教学专业成长。"课堂精进团"不是一个人的成长,而是一群人的成长(见表5-1)。

表5-1 2021—2022年度"精进队"进阶任务表(示例)

指标	指标内容	数量	完成情况简述
课堂实践	积极参加教学展示活动,完成校级及以上范围的公开课(含教学竞赛课)不少于2节	2	2021年10月14日校级公开课《生命的舞蹈》,执教班级:七三班 2022年3月4日校级公开课《桥》,执教班级:七三班
教学探索	完成至少一份单元教学设计(含目标、内容、活动、作业、评价和资源六要素)	1	部编版教材七年级上学期第四单元
科研成果	在校级或以上的刊物发表教学论文或教学案例	1	《不怕"周树人"——以〈风筝〉为例通过对比阅读培养学生思考能力》,发表于校刊《五彩课堂课例集》,2021年12月
	完成至少一篇不少于2000字的教学思考	1	《"双减"背景下语文作业的删减标准》
带教工作	带教1—2名教师,认真制订带教计划,做好过程记录,撰写带教总结,取得明显带教成效	1	带教七年级语文教师李四,承担学科(班主任)带教任务
	为带教教师或青年教师撰写评语	1	为青年教师王二撰写"小荷杯"推荐意见

指标	指标内容	数量	完成情况简述
	参加青年教师学习共同体活动,并承担活动任务,如开设专题讲座和主题交流指导。	2	2021 年 10 月 11 日青年教师学习共同体(3),《评课做好三件事》 2022 年 4 月 18 日精进队(2),《有效作业案例分享》
专业素养	至少撰写一篇专业书籍的读后感,1000 字以上	2	《辩证法阅读——〈名作细读〉读后感》 《文化视角下的解题思维——〈仁者无敌面积法〉读后感》
其他发展	获取研究生毕业证书或硕士学位证书;获取高一级别的职称;申报区级及以上骨干类教师或成功晋升为区级及以上骨干类教师;获得校级及以上级别荣誉。	2	杨浦区第六届骨干教师 校优秀班主任

一、聚焦质量直面课堂真问题

教师专业发展的根基是课堂,围绕真实课堂问题的校本研修才能促进师生的共同发展。2016 年我校参与了杨浦区中学课堂现状调研,从课堂教学现状的三大维度:课堂设计、教学方式、课堂文化,我们发现了存在与课堂教学中教师教和学生学的问题,确立了"让学生想和说"的主题教学实践活动和校本研修活动、研究课堂、研究教材、研究学生、研究教法。作为区域创智课堂项目校,我校的创智课堂实践研究也有了更明确的落脚点。通过一年多的研修实践,我校在 2018 年 5 月得到中学教研室的大力支持,开展了全学科教学大调研,教研员们对我校教师的课堂教学以及教研组、备课组研讨活动进行了观摩与评价。

为了更深融入杨浦区教育综合改革,我校申报了第三轮"初中基础型课程校本化实施"实施项目校和杨浦区提升中小学(幼儿园)课程领导力行动研究项目,于2017年9月批准立项。我们确立了"五彩课堂"的研究核心,建立"好学、悦读、想说、会做、乐群"的"五彩课堂"教学模式,通过科学的教学管理,丰富的教研培训等力量,共同探究课堂文化转型,抓实、抓好、抓优教师队伍建设,坚持绿色指标价值引领,全面提升学校办学内涵。

学校总项目组在市教委教研室张玉华老师的指导下反复推敲、不断完善,确定核心概念,并由校长在集中研修中做了主题讲座。为了全校师生更好地认同、理解"五彩课堂",总项目组还向全体师生征集"五彩课堂"内涵核心词,反映大家心目中"五彩课堂"应有的表征,为各子项目组研究实践带来了很大的启发。初中英语教研组确定了《问题情境在初中英语合作学习中促进学生参与的策略研究》,初中数学教研组确定了《小初阶段数学平面几何培育学生思维能力的课堂学习单的实践研究》等7个子项目研究。学校围绕着"五彩课堂"开展系列研修活动,如专家讲座、内涵研讨、课堂观察工具及评价表的修订与使用、项目组与教研组研讨、教学观摩与研讨、课程文本设计研讨等。

二、依托七类公开课淬炼课堂品质

学校坚持推进七大类校级及以上公开课,包括学业质量动态监控"巡视课"、专家"滴管式"指导课、校级"骨干课""再造课"展示研讨课、信息化教学研讨课和"市光杯"教学竞赛课、区级学科教研活动等。通过公开课的展示活动,为教师提供专业发展的平台,借助"五彩课堂"的建构过程,促进教师队伍的素养提升,对学校课堂文化的营造发挥着积极作用。

学校在课程领导力、基础型课程校本化项目的引领下,注重单元教学设计、学习单设计的不断深入研究,运用学科"五彩课堂"教学观察表,开展"课研修"活动,提升教师课程文本设计和课例研究能力。从"让学生想和说""让训练更有效"到"让教学时空延伸",教研组聚力改进完善"五彩课堂"实践与研究,让"好学、悦读、想说、会做、乐群"的"五彩课堂"特质愈加凸显,并竭力将其进阶为"倾听、悦读、慧言、会做、合作"样式。

作为2021—2025年杨浦区提升中小学(幼儿园)学校课程领导力行动研究项目校,学校以《以"教学评一致"为主题的"五彩课堂"单元课例研究》为方向,围绕"五彩课堂2.0"的"倾听、慧言、悦读、会做、合作",从多感官、从基本认知到能力培育、从学科和学段特点考虑,多元发展学生学习素养,以课堂新样态推进课堂文化转型,提升教学效能与品质,实现课程育人、文化润校。

"五彩课堂"关注学生综合素质提升,体现能力导向,指向学生适应社会变化和终身发展的必备品格和关键能力培育。"五彩课堂"激发教师创新意识、实践能力和团队合作精神,促进教研文化形成,打造一支善于培养和激发学生创新意识和思维能力的中青年教师队伍。

第一届"市光杯":新课堂　乐分享　重体验

第二届"市光杯":新课堂　会学习　育思维

第三届"市光杯":新课堂　重思考　塑品质

第四届"市光杯":新赋能　融特质　慧设计

第五届"市光杯":新素质　新视野　新成长

三、落实"双减"优化学校作业管理

完善作业管理制度,严格执行"双减"政策。根据学校实施情况逐步调整、修订及增加作业管理制度。强化作业检查常规化管理,在原有每月教研组检查作业的基础之上,增加了作业质量定期作业评价管理,要求考试科目作业由教研组长每周进行抽查,评价指标包括作业时长、作业内容、格式规范、完成质量、作业设计、作业批语、实施成效等,强调减少作业数量,提升作业质量。

落实作业设计要求,有序实施作业公示。学科备课组负责作业时长与质量,确保初中六年级家庭书面作业平均完成时间不超 60 分钟;初中七至九年级家庭书面作业平均完成时间不超 90 分钟。教研组负责监督,学段长负责调控,各组织各司其职,相互沟通,保证每周作业公示规范有质。

坚持每月作业常规检查和每周作业抽查。要求全校各班级上交所有科目作业,由教研组长负责检查本学科作业,严格按照作业评价表进行评分、分析并提出建议,发现问题后与备课组及时沟通。教学部综合教研组长的检查小结,提出相关意见,并提倡教师使用激励性评语,鼓励教师布置分层、弹性、个性化作业。学期末将进行学生优秀作业评选,积极推广高质量校本作业。

积极探索针对学生需求的分层、弹性、个性化作业设计和实施,提高教师的作业设计与命题能力。学校一方面通过编制作业设计与管理细则指导教师规范科学设计作业,以"高质量作业设计比赛"促进全学科开展作业研究;一方面开展教研组长例会、教研组(备课组)活动、青年教师共同体研修等分层分类主题研讨,提高课堂教学与课后作业品质。

注重学生对作业的监督作用。通过作业情况记录本,每班学生代表认真记录

当日作业时长、作业类别和作业上交情况。通过每月召开学生座谈会，利用当面访谈和问卷调查的方式了解学生的作业时长、作业设计、作业公示是否与实际布置内容相符等情况。根据学生反馈，及时反馈给教师，调整并完善作业。

四、深究项目拓展思维培养路径

我校校本研修以教育综改项目研究实践为抓手，以课堂为落脚点，分层、分类、分梯队开展研修活动。目前共有杨浦区第三轮"初中基础型课程校本化实施"项目《小初阶段学科单元教学中"五彩课堂"学习单的应用研究》；区课程建设领导力项目《培育学生学习素养的五彩课堂的实践研究》；《五育融合视域下建构"五彩教育"体系的实践研究》等项目，所有教师都参与了教育综改项目研究。通过项目的有力推进，教师教学方式中"教学设计变革——目标导航、路径引导、问题导向"和学生学习方法发生改变，教师更愿意了解学生，倾听学生自信表达或鼓励学生融入教学，更主动地改进自己的教学行为，逐步营造出"良好的师生关系、浓厚的学生学习兴趣和活跃的学生思维品质"的内涵建设课堂。绿色指标数据显示，学生认为语文、英语、科学教师在关心每一位学生，公平地对待学生，和学生关系友好，鼓励帮助学生等评价上都超过了本区。

学校积极参与区综改项目《指向学生创新素养培育的创智课程开发与实施》，是项目实践的试点学校之一。该项目以培养全面发展、创新素养见长的学生为目标导向，系统开发与设计区域创智课程体系，开展创智教学的实践研究。目前，学校已推荐数学教师参与"指向初中学生数学思维能力培育的教师研修"活动，旨在提升教师教学能力，适应"双新"背景下对学生高层次思维培养的教学要求。在项目引领、教师培训和专家指导下，以数学学科为突破口，探索创新思维学习路径。

2022年语文教研组申报的《指向语文思维发展的初中片段写作的实践研究》获得区级课题立项,通过片段作文实践活动来提高作业设计品质,探索片段作文与语文思维品质的关系,拟形成具有学科特色的培养路径。除此之外,学校继续推进课程领导力项目研究,进一步夯实"五彩课堂"的实践成果,加强"五彩课程"与学生发展目标的一致性和关联性,探索单元课例研究中评估机制,加速渗透科学教育理念,突出学生学习观念的转变,在教师鼓励性的评价中扭转学生被动学习的理念,强化学生深入思考的能力,逐步实现课堂文化转型。

学校注重提升教师教学评价能力,以提升教师教学评价能力为主题进行专项研修,严格按照研修计划完成教师培训,培养教师树立正确的教育价值观,坚持全面育人;助力教师理解教育评价的目的是为教育增值,提倡教师使用积极性、鼓励性的评价;帮助教师掌握科学的教育评价方法,形成具有学科性质的定量评价、定性评价和半定量半定性评价。通过教研组推荐,着力培养具备良好教学评价素养的教师。强化教学评价素养较强的教师的辐射能力和示范作用,开展公开课、教师论坛、教育讲座、师徒带教等一系列活动加强青年教师学习共同体建设和以教师骨干为主的"精进队"建设。以点带面,充分发挥优秀教师的推动作用,以学生全面发展为目标,助力全体教师提升教学评价能力。

第二节　学习共同体:塑造高品质研学形态

2017年12月,教育部颁布的《义务教育学校管理标准》中提出"引导教师加强学习,阅读经典,提高修养"和"鼓励教师利用网络学习平台开展教研活动,建设教师学习共同体"。教师学习共同体的价值与作用日益受到重视。教师的成长需要不断参与分享经验和进行真实的对话,共同体有着丰富的教师成长所需要的资源,协助教师从个人化的教学中跳出来,建立持久不断的教学对话。激发教师个体的发展意识,建立共同体的发展平台,形成交流与对话的机制,是教师成长的必由之路。

一个偶然的机会,我接触到了日本教育学会会长佐藤学先生的《课程与教师》一书。佐藤学作为"行动研究者",几十年如一日在一线学校实践"学习共同体"改革,他在华东师范大学作报告时指出,教师是学习型专家而不是教学型专家,彼此建立一种相互学习、相互倾听的关系,才是真正的共同学习、共同生活。我认识到构建教师学习共同体是一条促进教师快速成长的有效途径,决定组建教师"学习共同体",从共同阅读经典开始,探索教师同步成长之路。

多年来,市光学校教师学习共同体秉承着自主、专精、共好的发展理念,经历了从几位伙伴的自我成长,到推动学校开展校本研修变革,再到推动学习共同体课堂变革的历程,为教师寻找到一个心灵可以栖息的家园。

一、建立教师读书成长共同体

学校成立教师读书会,用教师读书会促进教师共同成长。通过参与读书会,教师可以提高自己的专业素养和教学能力,培养创新思维,增强职业认同感,促进交流与合作,推动教育教学改革等方面取得显著成效。因此应该鼓励更多的教师参与教师读书会,并在教育教学实践中应用所学知识和经验,为培养更多优秀人才贡献力量。

教师读书会是一种促进教师专业成长,提升教育质量的重要途径。通过参与读书会,教师开阔视野,丰富知识储备,提高教育教学水平,更好地服务于学生。

一是丰富教师的知识体系。通过阅读各类教育书籍,教师可以了解到最新的教育理念、教学方法和教学策略,从而丰富自己的知识体系,更好地应对教育教学的挑战。二是提升教师的教学能力。读书会通常会安排各种形式的研讨和交流活动,这有助于教师们分享教学经验,互相学习,从而提升教学能力。三是培养教师的创新思维。通过阅读和讨论各类教育书籍,教师可以激发创新思维,探索更适合学生的教学方法和策略。四是增强教师的职业认同感。读书会可以营造一个互相支持、共同成长的氛围,使教师们更加热爱自己的职业,增强职业认同感。

教师读书会的实施过程包括 5 个阶段:一是确定阅读书目。根据教师的实际需求和兴趣,选择适合的阅读书目,可以选择教育名著、教育期刊、优秀教育论文等。二是制订阅读计划。根据阅读书目的难易程度和阅读时间,制订合理的阅读计划。同时,要确保阅读计划符合教师的教育教学实际需求。三是组织阅读活动。可以采取集体阅读、个人阅读、线上阅读等方式进行。同时,要定期组织交流和讨论活动,让教师们分享自己的阅读心得和体会。四是撰写读书笔记。鼓励教师在阅读过程中做好读书笔记,记录自己的阅读心得和体会。这有助于加深对阅读内容的理解和记忆。五是总结评估读书收获。在读书会结束后,要对活动进行总结评估,分析活动的成效和不足之处,为今后的读书会提供参考。

教师读书会提高了教师的专业素养,丰富了教师自己的知识体系。首先,提升了教师的教学能力。读书会中的交流和讨论活动可以帮助教师们分享教学经验,互相学习,从而提升教学能力。同时,通过撰写读书笔记,教师可以加深对阅读内容的理解和记忆,更好地应用于教育教学实践。其次,培养了教师的创新思维。通过阅读教育书籍,教师可以激发创新思维,探索更适合学生的教学方法和策略。同时,读书会中的交流和讨论活动也可以帮助教师们拓展思路,开阔视野。再次,增强教师的职业认同感。通过参与读书会,教师可以感受到来自同事的支持和鼓励,更加热爱自己的职业,增强职业认同感。同时,读书会也可以帮助教师们更好地理解教育教学工作的意义和价值,促进了教师之间的交流与合作,为教师提供了一个交流与合作的平台,在阅读和讨论过程中,教师分享自己的经验和见解,互相学习、共同进步。这种合作与交流不仅有助于提高教师的教育教学水平,还有助于建立良好的教师团队关系。最后,推动了教育教学改革。教师读书会不仅有助于提高教师的专业素养和教学能力,还能推动教育教学改革。通过阅读和研究教育书籍中介绍的新理念、新方法和新策略,教师可以将其应用于自己的教学实践,不断探索和创新更适合学生的教学方法和策略。这种改革和创新有助于提高教育教学质量,促进学生的全面发展。

二、建立教师课程研学共同体

学校秉持"青年教师培养好,成熟教师发展好"的理念,以"骨干引领,团队研修"分层分类分梯队培养为模式,为新进教师完成好从毕业生到成熟教师的角色进化,制定五年期学习共同体专业发展研修课程(见表5-2)。

表5-2 五年期学习共同体专业发展研修课程阶段及达成目标表

课程阶段	达成目标	成长里程碑
L1 毕业生入门	树立教师职业认同感,掌握教学基本功和初步教学技能,能够和学生及家长有效沟通。	区优秀见习教师; 市、区青年教师基本功大赛;
L2 一年新手期	精进课堂教学技巧,掌握现代化教学手段,提高教育教学能力。	区"小荷杯"; 区教育教学新秀;
L3 三年成长期	从课堂走向课程,能够独立找到课程设计思路、整合各种资源,掌握班级管理技巧。	区"百花杯"; 区骨干教师后备; ……

根据区见习教师规范化培训的要求,在完成聘任学校工作任务的同时,完成基地学校浸润式培训,保证每天在基地学校不少于半天(如有特殊情况,须跟基地学校、聘任学校师训专管员沟通协调)。在聘任学校参加浸润式培训,日常培训以"一对一"师徒带教为主,参加备课组、教研组活动,参加学段、年级活动,周一下午15:00—16:00参加集中研修(见表5-3、5-4、5-5)。

表5-3 见习教师学习课程模块设置表

课程模块	培训内容与任务	聘任学校培训方式
职业感悟与师德修养	1. 参加见习教师规范化培训的教师撰写第一学期和第二学期个人规划和参培计划书。	自主研修
	2. 学习《于漪教育思想》,撰写1篇读书心得。	集中研修,交流
	3. 完成4篇见习教师职业生涯体验随笔。	自主研修
	4. 完成3篇见习教师规范化培训阶段小结(包括对教师的职业感悟)。	集中研修,交流
课堂经历与教学实践	5. 在导师指导下,通读所任教学科课程标准,并在教研组内作一次课标解读专题发言。	师徒研修,教研组交流
	6. 通读《上海市课程标准解读》,在组内做一次学习体会交流。	集中研修,分组交流
	7. 解读所教年级学科教材,在教研组内做一次内容理解的交流。	
	8. 选择重点课程,撰写听课记录与分析。	师徒研修
	9. 完成第一学期、第二学期听课情况记载表。	自主研修
	10. 根据考评课录像,进行自我评析。	自主研修,导师指导
	11. 完成课堂教学设计。	自主研修,导师指导
	12. 编写单元检查试卷命题。	自主研修,导师指导
	13. 针对表十三,撰写单元检查质量分析报告。	自主研修,导师指导
	14. 撰写期中或期终考试质量分析报告。	自主研修,导师指导

课程模块	培训内容与任务	聘任学校培训方式
	15. 参与拓展型课程的设计与实施。	集中研修，讲座
班级工作与育德体验	16. 撰写班级情况分析报告(计划)。	自主研修，导师指导
	17. 观摩培训学校班主任一日工作，并撰写记录与感悟；在聘任单位撰写班主任一日工作记录与感悟。	集中研修，讲座、交流
	18. 观摩培训学校带教教师的班干部会议，并填写记录单；在聘任单位主持一次班干部会议，并撰写记录单。	自主研修，导师指导
	19. 撰写学生的个案分析与研究。	自主研修，导师指导
	20. 观摩培训学校带教教师的主题班(队)会，并填写记录单；在聘任单位主持一次主题班(队)会，并撰写记录单。	集中研修，讲座 自主研修，导师指导
	21. 观摩培训学校带教教师的学生座谈会，并填写记录单；在聘任单位主持一次学生座谈会，并撰写记录单。	师徒研修
	22. 撰写学生家庭访问个案记载与分析。	自主研修，导师指导
	23. 完成家校联系记录。	自主研修
	24. 撰写学生评语。	自主研修，导师指导
	25. 尝试撰写班级社会实践活动设计与方案。	集中研修，讲座
教学研究与专业发展	26. 精读专业书刊，撰写学习体会；根据自身专业发展需求，自学有关书籍。	自主研修
	27. 撰写备课组活动主题发言记录。	备课组研修，组长指导
	28. 参与教研组活动记录。	教研组研修，组长指导
	29. 完成个人专业发展三年计划。	集中研修，讲座
情绪管理与心理沟通	30. 破译学生心理密码与教师自我情绪管理。	集中研修，讲座

表5-4 合格教师学习课程模块设置表

课程模块	培训内容与任务	培训方式
职业感悟与师德修养	1. 做一个人格与学术双重魅力的教师。	集中研修(结合学校师德素养活动)
	2. "爱心相约"1名任教学生,完成个别教育相关材料。	自主研修
教师师能与专业提升	3. 阅读教育教学名著专著,感悟交流分享。	自主研修
	4. 深度备课、教案规范,结合学校"校本化教案设计"即学科单元教学模块化设计模板和课时教学设计模板的要求,撰写有质量的教案。每学期完成不少于1个单元的详案。	自主研修,导师指导
	5. 怎么听课、评课。	集中研修,讲座
	6. 在备课组及以上范围说课不少于2次,评课不少于2次。	组内研修
	7. 校内听课不少于10节(含本学科6~8节),鼓励跨学科听课。	自主研修
	8. 养成规范书写"三笔字"的习惯,提高硬笔的书写水平,掌握毛笔书写。	自主研修,集中交流
	9. 对接信息技术应用能力提升工程和创智云课堂项目,掌握信息技术辅助教学,每学期完成不少于4节的云课堂常态课或公开课。	集中研修,自主实践
	10. 作业批改规范性、正确性、反馈性、激励性,作业设计规范性、针对性、适量性、层次性。	自主研修,导师指导
	11. 考试学科教师独立完成期中、期末考试(学业考试)答卷。	自主研修
	12. 基于课标的命题能力提升,考试学科教师完成1份规范的命题卷。	自主研修,导师指导
	13. 每学期完成1份五彩课堂表现样例。	集中讲座,自主研修,导师指导

课程模块	培训内容与任务	培训方式
	14. 每学期完成 1 节校级及以上范围展示课或比赛课。	师徒研修,教研组指导
	15. 积极参与学校课程建设,承担 1 门拓展型课程(或探究型课程)。	集中讲座,自主研修
	16. 积极参与校级及以上级别教育综改项目。	课题组研修
班级管理与教育机智	17. 主动参与班级日常管理,并完成 1 篇班级管理心得体会。	自主研修,导师指导
	18. 提升教育机智,处理好课堂上的偶发事件。	集中研修,讲座交流
情绪管理与心理沟通	19. 走近积极心理学。	集中研修
	20. 家校沟通策略。	自主研修,交流

表 5-5　成熟教师学习课程模块设置表

课程模块	培训内容与任务	培训方式
职业感悟与师德修养	1. 卓越教师成长密码。	集中研修
教师师能与专业提升	2. 深度备课、教案规范,结合"校本化教案设计"即学科单元教学模块化设计模板和课时教学设计模板的要求,撰写有质量的教案。每学期完成不少于 2 个单元的详案。	自主研修
	3. 在备课组及以上范围说课不少于 2 次,每次教研组评课必须发言。	组内研修
	4. 校内听课不少于 10 节(含本学科 6～8 节),鼓励跨学科听课。	自主研修
	5. 养成规范书写"三笔字"的习惯,提高板书设计能力。	自主研修,集中交流

课程模块	培训内容与任务	培训方式
	6. 对接信息技术应用能力提升工程和创智云课堂项目,熟练掌握信息技术辅助教学,每学期完成不少于 4 节的云课堂常态课或公开课。	自主研修,教研组交流
	7. 作业批改规范性、正确性、反馈性、激励性,作业设计规范性、针对性、适量性、层次性。	自主研修
	8. 考试学科教师独立完成期中期末考试(学业考试)答卷。	自主研修
	9. 基于课标的命题能力提升,考试学科教师完成 1 份规范的命题卷。	自主研修,教研组长指导
	10. 每学期完成 1 份五彩课堂表现样例。	自主研修,教学、科研部门或专家指导
	11. 每学期完成 1 节校级及以上范围展示课或比赛课。	自主研修,教研组或教研员、名师指导
	12. 从课堂走向课程,构建 1 门具有教师个性的拓展型课程(或探究型课程)。	自主研修,教学、科研部门或专家指导
	13. 积极参与校级及以上级别教育综改项目,或两年内承担 1 项课题或项目。	课题组研修,教学、科研部门指导
	14. 教师的自我发展与资源整合。	集中研修,讲座
班级管理与教育机智	15. 我的班级我定义——班级文化建设。	集中研修,讲座
情绪管理与心理沟通	16. 心理学泛学习。	自主研修、推荐研修

三、建立专业引领成长共同体

教师的专业发展需要构建多层次的学习共同体,强调教师在实际工作情境中以解决问题、改进实践为导向,强调专业引领、同伴互助和自我反思,把教师的教育教学实践改进与教师学习融为一体。为了更好地服务于教师的个性化专业发展需求,学校集合多方力量,开拓资源组建多层次的研修团队。

学校建立由教育专家、区教研员、校学科带头人和骨干教师组成的"专业引领学习共同体"。采取结对的方式,制定教师个人专业发展规划,实施诊断式和参与式研训,构建多层次学习共同体。根据教师专业发展的需要,在教师的观念和行动上给予专业支持,教师在专业引导下,开展教学探究,形成教师与教研员之间相互沟通协作、相互影响的关系。

建立青年教师导师制,提供具有针对性的理论讲座,推荐书目,加强团队合作研讨,发挥教育教学骨干教师的力量,促进青年教师迅速成长,推动学校整体发展。

第三节　教研联合体:建构高智慧研修样式

教研联合体搭建了校际间交流平台,打破了单一封闭的学校教研模式,开始了开放性的校际联合教研探索,联组教研促进了优质资源的辐射与共享。通过联合教研活动,专家的资源和组内优秀教师的作用得到了有效的发挥。通过主题项目的联组教研,校际间共同攻坚课改难题。开展联组教研过程中,让不同学校、不同层面教师的优势得到了互补,促进了教师团队专业成长。联组教研也促进了研训一体的研修模式形成。

我校确立了"教研联合体"建设的发展目标,通过"项目引领、专家指导、团队发展"，聚焦"五彩课堂"指向学生核心素养培育，促进教研组建设和教师的专业成长。

一、构建跨学科联动教研机制

我校建立跨学科校本教研联动机制，校本联动教研价值取向是为了推进课程教学高品质实施和提高教师教学能力。联动教研的重点放在教学和课程实施中所遇到的实际问题上，着眼点放在理论与实际的结合上，切入点放在教师教学方式和学生学习方式的转变上，生长点放在促进学生发展和教师自我提升上。

一是互动式"主题"教研。主动发挥优秀教研组的示范带动作用，聚焦国家课程校本化实施主题，有效整合教育资源，深入开展基于学生核心素养培育的学科教学实践研究和基于团队专业成长的校际教师交流互动机制研究。加强学科教研组主题研修、备课组集体备课。学科基于课程标准（或终结性评价指南），把脉学情，分析内容，制定目标（分年段、单元、课时），明确核心、重难点，精心设计活动、作业，精选资源，多元评价等，不断优化单元教学设计。坚持实施质量动态监控"巡视课"制度，关注好新教师、毕业班课堂教学。"七类课"凸显"三让"课堂教学模式，共研"五彩课堂"文化建设。"三让"课堂教学模式指让学生想和说，让训练更有效，让教学时空延伸。做到"四不得"（不得放课、不得占课、不得拖堂、不得超量布置书面作业），持续实行《课堂情况记录本》及日常巡视，实行《作业管理记录本》并每周汇总反馈，加强教学"四不得"执行。教学"五环节"注重设计、减负提质。

二是合作式"研课"教研。以"课研修"提升教研能力，通过"一个人"＋"一群人"的实践研究，加强对课程标准、终结性评价指南、教学基本要求的研究，在实践中提升教学设计能力,课堂表现能力,课例研究能力,增强教师在专业发展中的获得感,提升自信,激发专业成长内驱力。深耕"五彩课堂",彰显学校课程课堂新特色。以"倾听、悦读、慧言、会做、合作"为特质的"五彩课堂",以教研组为单位,结合中考改革的新变化,强化研读学科课程标准与教学基本要求,加强教师教法、学生学法、教学评价的研究。以丰富"五彩课堂"内涵为抓手,主动对应新背景下的教、学、考、评等具体要求,深化"五彩课堂"的学与教。侧重在学生学习行为和教师教的行为上作进一步的研究和实践,凸显"五彩课堂"的新亮点,发掘学科思维的美妙,持续推进"五彩课堂"新样态的显现。不断完善"五彩课堂"教学观察工具,客观检验、分析课堂中教师行为、学生表现,研究促进"教学评一致"的单元目标设计、内容设计、活动设计、作业设计、评价设计、资源设计等教学行为能力的提升。

三是互助式"减负"教研。学校根据"五项管理""双减"制度下作业管理新要求,先后制定《上海市市光学校作业设计及管理细则》《上海市市光学校初中部作业管理制度》《市光学校实施"双减"政策下的作业管理增补细则(试行)》,加强作业管理与指导、强化作业统筹、注重作业设计、规范作业布置、严肃作业批改、巧心作业辅导。鼓励布置分层、弹性和个性化作业,坚决克服机械、无效作业,杜绝重复性、惩罚性作业。实施"一单元一报备""一周一公示""作业用时日日明"等办法,开展学校—教学部—教研组;学段—备课组;班主任—教师的多层级管理。

发挥作业诊断、巩固、学情分析等功能,将作业设计纳入教研体系,教研组长制定教研组作业管理要求,引领教师系统设计符合年龄特点和学习规律,体现素质教育导向的分层、弹性和个性化作业。制定《市光学校"减负提质"学科作业设计研讨记录表(备课组)》,落实作业"一单元一报备"。(教导处-备课组-教研组长-教导处)制定《(班级)书面作业一周公示表》,设置班级"作业公示栏",落实作业

"一周一公示"。(教导处-学段长-班主任[任课教师]-学段长-教导处-学段长-班主任[班级])每周四交教导处,周五在班级张贴。

实施《作业管理记录本》,由班级学习委员对每天每科作业用时进行记录,落实"作业用时日日明"。(教导处-班级[学习委员]-教导处-学段长)教导处每周检查记录本,如有作业用时异常情况,反馈给相关学段长,约谈相关教师。教导处组织教研组长每月检查1次作业,备课组长每周抽查1次作业,一学期开展不少于2次学生座谈或问卷调查。学段长及时了解学生、家长关于作业量的舆情,发现问题及时反馈学校。

二、实践跨校联盟联组教研活动

我校是上海音乐学院实验校教育集团的成员校,积极参加跨校联组教研活动。以"资源共享、互利共赢、共同发展"为指导思想,通过参加上音联盟的深度合作,优化教育资源,提高教育教学质量,实现集团学校的共同进步。

一是共享教育教学资源。集团共同建设教育教学资源库,共享优质课程、教学课件、参考文献等资源,提高资源利用效率。二是开展联合教学活动。集团共同设计并实施联合教学活动,如共同备课、教学观摩、集团比赛等,促进教师和学生之间的互动与合作。三是加强教师交流与培训。上音作为见习教师规范化培训基地提供培训课程,双方定期组织教师交流与培训活动,分享教学经验、教育理念和教学方法,提高教师专业素养。四是设立联合研究项目。集团共同设立研究项目,针对教育教学中的热点和难点问题进行深入研究,推动教育教学改革。

三、探索跨区结对联合教研路径

我校与虹口区五十二中学数学结对开展联合教研。以上海市基础教育创新试验区建设和杨浦区教育综合改革实验区建设内容为指导,根据学校新三年发展规划,指向基于学生学习创新素养培育的教师能力提升,继续推进"教、研、训、培"一体化教师教研模式,积极搭建教师专业能力展示交流平台。以学校承担的区域课程领导力行动研究项目为引领,落实数学学科子课题研究,推进双方学校数学教研向纵深发展,以相互促进,共同提高,优质办学为目的,开展互动、合作活动。

实施任务及目标。一是共同商议制定联合教研体工作实施方案和相关制度,并互相遵守执行,积极合作,做好各项工作;构建合作交流的平台。联合体学校不定期开展学校管理的专项研讨活动,对联合体内难点问题、重点事项进行研究、交流和决策,形成统一的意见。二是整合学科优质资源,发挥区域学科资深专家、区教学骨干、校学科带头人、校教学骨干教师等专业引领人员的力量,加强教研联合体教学研究有效性的调研和实践探索,促使教研联合体内实现理念共享、资源共享、成果共享。三是全面开放两校的教育资源,建立多元教研模式。双方学校教师积极参与备课、听课、评课、磨课、优质课展示等交流互动活动,同时,结合学校承担的区域创智课堂项目研究,双方共同跟进,以"课堂学习单在小初阶段学科单元教学的实践研究"为教研抓手之一,积极交流科学教育理念、教学方式和方法,促使两校教师进一步转变教学观念,探索课程领导力视域下学校课堂文化转型,更好地适应教育新形势和新要求,切实提升综合教学素养。四是以学期为单位,及时共同对联合体的工作进行总结,总结得失,解决活动中发现的问题,促进今后更有效地合作。五是积极实践,努力创新,提高联合教研的效益。双方学校数学组要加强实践,勇于探索,推动教研文化、教研制度、教改经验、科研成果共享交流。加强合作,强化互动,寻找共同发展目标,找到相互间最佳结合点,以共同发展创造新成果,以新成果推动新发展,真正实现交流发展的"双赢"。

结对教研主要内容。一是开展联合培训。充分整合教研联合体的集体力量,发挥团队精神,在寒、暑假和日常培训中共用优势资源,开展丰富多彩、富有实效的师训活动,提高师训工作的实效性。二是开展联合教研。通过教研联合体,实现骨干力量的整合,集思广益,梳理联合体内教学、教研和教师专业成长尤其是课堂文化转型中存在的问题,进行既分工,又合作,集中优势资源,开展基于问题的导向研究,解决重难点问题,形成经验双方共享。三是开展双向交流。互通有无,相互借鉴,开展常态化的有效交流,实现共同发展。四是致力资源共享。双方学校在教研设备、师资、软件等方面开展互助共享活动。在集中教研、集体备课方面实行共同商讨,分工突破,资源共享,努力实现优势资源利用的最大化。

形成教研运行机制。一是根据课程改革、课堂实施和师资培养的需要,以学期为单位,制订教研联合体工作计划,教研联合体内做到教研活动时间、教学进度、教学研究重点统一。二是组织开展研究课观摩、说课评课、联合备课、主题沙龙、交流示范、网上教研等教研活动。每次教研活动要求有主讲、有主题、有内容、有反思、有记录。全体人员在教研联合体中要发挥主体作用,充分参与各项研究活动。结合学校建设"五彩课堂"要求,课堂观摩时,运用课堂教学观察工具,从教和学进行课堂教学观察。教师教学观察点:教学目标、教学容量、教学方法、手段及提问情况,挖掘教材的广度和深度情况等。学生学习状况观察点:学习习惯(倾听、答问、记笔记)情况,收集处理运用资料的情况等。三是教研联合体内可以建立相对统一的教学质量监测机制,在学生综合素质评价、学业质量测评、学科命题研究等方面,统一分析研究,每学期撰写学业质量测评报告1—2份。四是教研联合体要围绕学校"课程和教学"改革项目,结合校情,研究学情和课程标准,确立教学研修的主题,侧重解决一项课堂教学内容,突出主题,突出主体,突出亮点,作为教研联合体学期或学年教研重点或研究课题,以课题为载体,任务为驱动,提高教研活动效益。其中,教研联合体研究视角是教师自主尝试数学学科中"课堂学习单在小初阶段学科单元教学中的实践研究"的具体运用,观察课堂文化转型中新颖师生关系确立。五是充分发挥学科专家、学科带头人、骨干教师在教研联合体中的作用,通过专业引领、同伴互助、个人反思,构建教学研究共同体,全面提升全体教师特别是青年教师的学科专业素养,教研联合体要依托学校内外网站和信息平台,定期发布联合教研动态和研究成果,为教研联合体的合作交流搭建有效平台。

结对教研保障机制。一是成立联合教研工作专家组。由两所学校校长、教学分管校长、教导主任、科研室主任、区域学科资深教研员组成专家团队,根据方案实施目标、任务,有计划、有步骤指导两校学科教研组长和学科教师共同开展相关活动。二是经费保障机制。教研联合体的日常活动经费一般由各成员单位共同承担。展示、交流等规模较大的教学研究活动和奖励经费另行安排。三是评估激励机制。建立教研联合体年度评估制度,由教学部制定评估细则,对教研联合体进行综合评估,对成绩显著的予以表彰和奖励。四是强化制度规范。加强制度建设,形成良好的运作机制。根据中改要求制定相对完善的工作方案,使联合体的运作依照方案,有序推进。每学期初制定学期活动计划和提前一周形成具体活动方案制度。计划和活动方案要做到可行性强,确保落实,加强资料积累。双方学校应该及时整合利于共享的资料上传至交流平台,该项任务的完成情况作为评价联合体学校工作成绩的重要依据之一。实施专项档案管理制度。双方学校安排一名专人负责收集联合体各项活动的相关材料,设立专项档案,不断积累充实,以备交流学习和工作检查之需。

四、探究跨群校际合作教研形态

我校是新优质集群校成员,主动参与集群校联合教研活动,通过"新优质教育"的实践与探索,针对内涵发展的瓶颈问题,深入开展项目研究和实践,不断提升学校的办学水平。丰富与完善学校课程,推进课堂教学方式与组织形式变革,激发教师成长的活力与潜能;持续推进新优质学校高质量作业设计的探索,以学科核心素养为导向,完善作业评价表,发挥作业的育人功能,提升教学质量;把项目化学习融入课程实施体系,落实国家课程中学科项目化学习的课时比例。

编制教研组学期课程纲要。集群学校基于各校学校发展优势,选择不同的学科进行课程纲要的编制。组织教师依据课程标准、教材与学情,以提纲的形式,一致性地规划某门学期课程的目标、内容、实施与评价。通过规划与设计课程,使学生经历有组织的学习。用学期课程纲要替代"教学进度表"。

研究试行项目化学习实践活动。集群校将结合本校设计,将项目化学习纳入学校课程实施方案,体现在学校的课程设计、教学安排、教师研修、教学管理、课程评价等方面。根据不同学生学习特点,探索不同组合的三类项目化学习,即活动项目化学习、学科项目化学习和跨学科项目化学习。引导集群校教师聚焦重难点,推动项目化学习的常态实施。

开展新优质教育集群教学展示活动。市光学校"五彩教育"和惠民学校"大美教育"、鞍山初级中学"和美教育"、建设初级中学"五知育人"、存志东校"爱的教育"、思源中学"民族传统文化技艺教育"共享学校特色建设经验,立足项目化学习,开展具有学校特色的公开课展示活动,集群校教师通过观摩听课和探讨交流,推动课堂教学方式的变革，在实践中积累项目化教学案例，共同优化和完善案例库建设。

加强分层分类研训指导。集群校提供新课标、高质量作业设计和项目化学习师训课程资源，提高集群校骨干教师的专业素养，把学习主题融入校本培训，形成培训方案。通过组织集群校研修积极分子活动，分层分类进行研训指导。提高教师对新形势下教与学的理解与实施能力。

第四节　科研先锋队：建设高实效研究群体

随着课程改革的不断深入，人们对优质教育的需求越发强烈。如何在新的形势下，适应新课改的总体需要，提高教师的科研素质，引领教师在教育教学实践中更好地发现问题、分析问题、解决问题，促进教育的内涵式发展，提升教育的整体质量，成为人们关注与思考的话题。为了提升学校的整体办学水平，提高学校的教育教学质量，打造一支有思想、有水平、有境界的教师队伍，引领学校教科研工作，学校成立了科研先锋队。通过深入开展教育科研工作，创建科研工作机制，不断提高学校的办学质量，促进学校全面发展。

科研先锋队既有满怀科研热情的科研新兵，也有经验丰富的骨干教师，还有一批名特优等专家型导师，并达成学科的全涵盖。科研先锋队的建立像一颗火种，点燃了全校教师教科研的热情。科研先锋队作为教科研平台，成为学校科研骨干的孵化器，科研先锋带领大家在课改中研究，在研究中发展，加快专业成长，享受教科研的乐趣。

科研先锋队采用集中研讨与分组活动相结合的方式,在导师带领下开展草根化的校本研究,每一位先锋队队员在教育教学实践中寻找问题,并围绕问题开展积极的文献研究和务实的行动研究,认真撰写有质量的研究文章,在实践中获得佳绩。

科研骨干教师积极投身教科研实践探索,磨炼科研内功,激活先锋本色,笔耕不辍,且行且思,在教科研之路上收获自己的一片热土。教科研先锋团队成长给老师提供了广阔的平台,团队成员以此为契机,在教育科研的沃土上多元生长,以点带面,辐射全员,共同打造"研而有市、研而有光、研之有理、研之有果"的科研新样态。

一、激活要素,形成科研先锋队特色

更新观念,营造氛围。牢固树立"科研兴校"的意识,改变为科研而科研,研究方向和内容脱离学校实际的错误现象。通过理论学习、专家讲座、研讨反思等途径,反复强化教师"问题即课题,教学即研究"的理念,逐步改变教师们对教育科研的错误认识。围绕学校文化底蕴和办学特色,根据学科特点和自身优势,按照学校科研团队建设目标的要求,分别开展以五彩教育、学习单和单元教学设计为重点的科学研究,形成具有特色的教育科研工作,实现教育科研对学校工作和学校发展的指导、服务和决策功能。通过推动教学研究与教育科研的一体化进程,调动广大教师参与教育科研的主动性和积极性,形成浓厚的科研氛围。

领导重视骨干引领。成立以校长为负责人,以学科带头人和骨干教师为核心,以学科教师和班主任为主体的学校教育科研团队,使其年龄结构、学历结构、职称结构、知识结构相对优化、相对稳定,能充分发挥核心研究、指导和引领作用,增强团队的可持续发展能力。核心成员分工组成科研小组,通过专题讲座、日常教研活动,负责指导教师的具体研究工作。

制度保障评价激励。成立教育科研工作管理机构,制定学校教育科研工作规划,完善教育科研管理制度。加强教育科研工作的组织和管理,完善合理有效的教育科研管理机制和运作模式,把目标管理与过程管理相结合,采取评选科研先进、年终奖励等激励措施,将教育科研工作纳入学校绩效工资考核之中,不断提高教育科研管理水平。

突出细节规范过程。在规范管理的前提下,关注研究工作的全过程,将学习计划和研究方案的制定、理论学习资料的选择、学习时间的安排、教研组专题研讨等,均纳入教学常规检查之中,及时发现问题,及时调整,促进研究工作顺利、有效地开展。

明确方向专业发展。教育科研必须坚持理论和实践相结合,与校情、班情、师生具体情况相结合,围绕学校发展方向,以教育教学理论和实践问题为核心,整合校内外科研资源,凝练并形成相对稳定的科研方向,建设一支具有一定科研精神和科研能力的科研团队,培养一批教育科研骨干,提升教师的教育科研素养,促进教师的专业化发展,促进我校科研事业的可持续发展。

梯队培养共同提高。科研团队成员要发挥团队精神的作用,加强团队文化建设。在具体的科研工作中,要发扬合作精神、敬业精神和牺牲精神,成员间要分工合作,形成积极进取、团结向上的工作氛围和牢固的凝聚力。

加强科研骨干教师的培养。采取专家指导、专题培训和专题研究等方式,加强选题、研究和经验总结的指导,更好地解决教育教学中遇到的问题,不断总结和提升优秀的教育教学经验,尽快成长为科研意识浓厚、科研态度严谨、科研素质优良,富有团结合作精神、创新进取精神的科研骨干。

注重科研新生力量的培养。针对年轻教师承担课题少的实际,根据自我推荐、座谈了解,重点确定部分教育科研热情高、科研水平潜力大的年轻教师作为学校教育科研的新生力量,通过读书交流、方法指导、观摩研究和实际参与等方式,加强研究方法的指导,强化这部分教师的成功体验,为年轻教师的快速成长创造条件。

二、苦练内功,形成科研先锋本色

加强组织领导,依托制度保障。学校成立了科研工作领导小组,组长由校长亲自担任,成员由分管校长、教务处主任、德育主任、科研室负责人和教研组长组成,负责学校教育科研团队建设的总体工作。教务处和科研室负责科研团队建设日常工作。强化科研意识,明确研究方向。树立"科研兴校"意识,把经常性的专题讲座和围绕教育教学中的热点与难点问题的集中讲座相结合,不断激发全体教师科学研究的热情和意识;每学期召开 1 次科研工作座谈会,每月教研组进行两次课题研讨,交流科研成果和研究体会;进一步做好区级课题、案例征文、课题研讨等活动,营造浓郁的科研氛围。

加强骨干培养,提升科研能力。通过专家授课、团队科研、心得交流、观摩学习、典型推介和平台搭建等方式,加强对教师教育科研意识的培养,提升全校教师的科研能力。进一步采取评选科研先进、年终奖励等激励措施,鼓励教师尤其是青年教师提升自身的科研能力,提高教育能力。

加强研究指导,做好成果提升。科研团队将根据教师参与课题研究的现状以及研究的需求,有针对性地做好研究的指导工作。结合课题立项的具体要求,做好课题研究人员的指导培训工作,更新教师的研究思想,指导研究思路;针对全局性和共性问题,通过专题交流等措施,指导教师围绕课题确定有效的研究问题;通过专家报告、个别指导和提供范本等方式,帮助教师了解和掌握科研的基本流程和编制研究方案的基本方法;落实立项课题审核制度,认真做好审核反馈与跟进指导工作,形成有效的课题审核和指导机制,确保立项课题的科学性、针对性和实效性。

加大指导教师研究报告的撰写力度。通过专家报告、专题学习、提供范式范本和个别跟进的方式,指导教师熟悉研究报告撰写的格式、规范和具体撰写方法,帮助教师撰写好研究报告。同时,根据实际需要指导教师掌握日常性反思、经验的基本撰写方法。进一步加强研究成果的抄袭检测力度,引导教师撰写有价值的研究报告和经验总结,端正教师的研究态度,形成良好的研究氛围。加大教育经验的宣传力度。努力提升学校和教师的办学、教学水平,选择优秀的成果向各级媒体推介,进一步提高教师参与研究的成就感,扩大优秀成果的辐射面,使学校的办学特色更加鲜明。

三、先锋领跑,形成学校科研提速亮色

科研有方,让科研提速。学校搭建阅读前沿、先锋讲坛、课题微探、课堂循证、教育写真等多方科研平台,着力培养一支静读书、乐表达、善研究、勤实践、会凝练的科研先锋队伍,促进教师拔节生长。定期开展校内校外培训,促进科研先锋团队有效提升素养。团队成员自省,形成教科研三年发展规划。专家引路,对团队瓶颈项目进行有针对性指导。同时,在校内开展"1+1+N"校本结对模式,组成科研微团体,优势互补,共同成长。评价是促进成长的有效手段。通过开展线上、线下相结合的方式,教科室对团队成员的各方面表现将进行考核、打分、反馈,促进团队互竞互助,加速成员专业提升。全方位地锤炼,助力先锋团队的科研能力大

幅度提高。

研之有思，让思维加速。如果说教科研是一艘船，那么问题思考一定是船只前行的桨。科研先锋团队在教师成长过程中不断提升个人教学素养、写作素养和研究素养，在研究过程中立足前线，以思考贯穿始终。研究问题的思维加速，促进自身专业成长，实现教师的多彩生长。

科研有法，让能力提速。一是学会统筹。团队成员合理分配时间，协调处理好科研与日常工作的关系，学会利用自己碎片化的时间专注科研。二是加强合作。团队成员树立群体意识，加强沟通，合作共进，肩并肩一起行走在科研成长之路上。三是持之以恒。将研修看成一场个人成长进阶之旅，不断挑战和突破，找到成长最明亮的方向。

第五节　思想会客厅：探索高成长价值范式

为全面推进我校教育教学改革，进一步确立教学的中心地位，提高我校教师的师德修养、课堂教学水平，造就一支在教育教学实践中发挥示范带动作用的骨干教师队伍，进一步加大骨干教师培养的力度，使骨干教师迅速成长，学校以"让教师与学生共同成长"为原则，遵循骨干教师成长的规律，采取全方位、多途径的培养措施，建设一支具有现代教师素质和创新精神的新型骨干教师队伍。

学校坚持规范办学，坚持五育融合理念，努力实现全面育人的目标。学校构建"五彩"教育校园文化，追求师生全面发展、充实发展和可持续发展，通过制度管理、队伍建设、学生发展等各方面渗透五育融合的育人理念。引导教师积极更新

"学生观",尊重学生的主体地位,坚持以学生为本的理念,采用生态化发展型的眼光看待每一个正处于不断变化与发展中的个体,包括每位学生的个性特点、思维方式等整体性的发展需求。

为了引领教师高水准发展,学校创设了"思想会客厅","思想会客厅"旨在为教师成长提供一个交流学习、碰撞思想、创生智慧的活动场所,是优秀教师的教育教学思想自然流淌的平台。"思想会客厅"的建设,对"五彩教育"带动质量提升,推动学校高品质发展发挥着重要作用。市光学校聚焦优秀教师的综合素养、关键能力与教育境界的提升,从师德素养、学科建设、课堂教学、项目研究、课程建设等方面入手,坚定教育信念,提升教育情怀,拓宽教育视野,夯实学科基础,提高优秀教师教育教学水平与研究能力。

一、聚焦综合素养促骨干成型

培养教师尊师爱校,热爱教育事业,具有良好的师德修养、现代教育观念和创新改革意识。及时了解国内外最新的教育教学理念,了解教学的发展趋势,熟悉掌握先进的教学方法,提高教学基本技能。提高骨干教师学科的专业素养,提升新理念下学科教学水平,创新教学设计,为构成独特的、个性化的教学风格奠定基础。通过培养使骨干教师在思想政治、职业道德、教学观念、专业知识、教学技能和科研潜力等方面得到全面提高,成为我校教学科研潜力和教学示范潜力的典范。使他们成为我校一线教师骨干,承担起我校主要的教学重担,成为各学科教学的领头人。

引导教师培养较强的教育科研意识和必需的研究潜力,重视教育教学科研活动,根据教育教学改革的目标任务,开展教改和课题研究,善于总结经验,具有较高的教育理论水平。促使骨干教师进一步树立终身学习的观念,自觉提升自己,带动我校教师队伍,实现学校教师共同成长的愿景。

在实践中对教师培养主要采取理论与实践相结合,走出去与请进来相结合,集中培训与个人钻研相结合,观摩与示范相结合等方式。采用校内培养和校外培养相结合的办法,主要以校内培养为主,教研组培养为重点和校外培养为辅,严格按照"高标准、严要求、全面性与专业性、共性与个性相结合"的原则进行培养。在培养过程中,采取跟踪问效的形式,及时指导,重点考察,保证培养的质量。

根据我校的特点,结合学科特色,透过自修、参加讲座、教学实践与专题研讨等方式,不断提高青年教师的水平。以课堂教学为突破口,带动教师各个教学环节的扎实落实,开展示范课或观摩课,真正达到优秀教师的示范性。加强听课、评课,做到听课有记录,有推荐,有听后感。透过他们的带动,在教师中掀起互听互评、推门听课、互相提高课堂教学效果的热潮,让新老教师都有不同程度提高。开展优秀教案、优秀课例等评比活动,并鼓励优秀教师参加各级各类教育教学竞赛,使其在实践中、竞争中得到锻炼和提高。

注重提高优秀青年教师综合素养,在思想上注重以人为本,在工作态度上注重服务学生,在工作作风上注重廉洁从教,在教育行为上注重规范执教,塑造教师良好形象。注重专业课程教学改革与教研力度,备课要"深",上课要"实",作业要"精",教学要"活",手段要"新",活动要"勤",考核要"严",辅导要"细",负担要"轻",质量要"高"。

二、聚焦关键能力促骨干成长

市光学校五彩师训赋能教师成长,引领教师蓄力。学校制定了骨干教师学习制度和培训方案,树立了骨干教师的形象,发挥了骨干教师的作用,青年骨干教师有着明确的成长目标和任务。近年来学校建设了一支具备深厚教学素养的,在职业道德、教育理论、教学水平和研究能力等方面都具备一定专业性的骨干教师队伍。

指导青年教师做教学的榜样、学识的尖子、教研的能手、教育的强者。倡导教师主动学习教育理论,更新教育观念,要用教育理论武装头脑,探索进行素质教育的方法。正确理解成功与失败的关系,不断更新观念、不断总结经验,扬长避短,获得成功。理解输出与输入的关系,广泛涉猎知识,博采众长,适应新形势的需要。处理教学与改革的关系,勇于承担教改实验项目,使教学实践和教改实验有机结合,有新突破,收到理想的教学效果。理解理论与实践的关系,用教育理论指导工作实践,达到理论和实践结合,收到事半功倍的教学效果。

引导教师主动参与课程教学改革,根据自己的工作实际确定教改项目和教学探索课题,坚持在工作实践中去探索和提高,树立改革意识和创新意识。指导青年教师讲好示范课,组织教师巡回听课、评课,互相寻找差距,相互促进,共同提高。指导教师注重学习,尤其是教育、教学理念,相关理论知识的学习,及时把握教育发展的时代脉搏,做好新课改对教师的要求等方面的宣传,从而增强教师认识问题、分析问题、解决问题的能力。

三、聚焦教育境界促骨干成才

校内创设积极向上的文化氛围,营造你追我赶的良好态势。领导深入课堂教学第一线,反复听课,为骨干教师评课、导课。使他们善于发现和查找自己的不足及多征求其他教师的意见,师徒共同研究,有计划地加以改正。创造条件让想学、肯学、会学的教师多一些学习机会，让想干、肯干、能干的教师多一些实践的机会，为他们搭建成长的平台，展示的舞台，让优秀的教师脱颖而出。

加强校内"传、帮、带"活动，以课堂为载体，切实提高教师的专业水平。骨干教师不能等、靠、要，教师的成长主阵地在校内。坚持学校领导或骨干教师与培养对象的"结对子"活动，从思想交流、课前的学情分析、教材分析到教学过程设计、课后反思均进行随时对话、跟踪听课、重点强化示范课、随堂课、诊断课，切实抓好"一课三议"和"三课一评"的有效开展，让培养对象先定格，再入格，直至跳出"模式"逐步形成自身的教学特色和风格。

"压担子"促使培养对象更稳定、持续发展。骨干教师的稳定、持续发展、自我成长的需要是内因，是主要动力，但外部环境起着巨大的推动作用。在学校工作中对培养对象适时加压工作担子，如各级各类公开课、评优课、基本功竞赛让他们积极参加，优秀教师充分感受到成长的体验和赏识的愉悦，进一步激发培养对象自我成长的需要。进一步适时提出新的工作要求，促使其沿着优秀青年教师、教坛新秀、教学能手、学科带头人、名教师的轨迹发展。

学校建立骨干教师培养对象档案，跟踪培养对象的发展情况，发现问题，及时反馈。教师队伍建设，尤其是骨干教师的培养直接制约和影响着学校的长远发展，我校将坚持以青年骨干教师的培养为龙头，切实抓好教师队伍建设，办家长满意的学校，做学生满意的教师，让每个孩子快乐成长。

学校着力培育骨干教师群体，致力于建设一支具备"厚生乐教，博学严谨"教风的教师队伍。市光学校现有区级及以上各类骨干教师 13 人，校级学科带头人 6 人，校级骨干教师 15 人，骨干后备及教学新秀 15 人。骨干教师们呈现出教育改革新形势下的崭新面貌，他们锐意进取，为五彩课堂的新发展注入了强劲的力量，鼓舞并启发更多的教师投入到实践探索的教育新征程上。骨干教师们在教学方法、教学风格、教学效果等方面都形成自己独特的探索成果,并在我校教师的发展中起到带动、辐射作用。

经过多年的精心培育和雕琢,一批骨干教师群体脱颖而出。

➤ 1 位区学科带头人的成长手记

体育学科教学需坚定运动技术的关键载体作用,坚持身体练习与思维活动紧密结合的特征践行,紧扣"五育并举"和"五彩教育"核心理念,抓牢多样化、结构化大单元教学的内涵要求,通过方法手段的设计落实持续推进体育品德由隐形碎片存在向显性重点呈现的课堂实践;强化教师主导下以学生为主体的自主学练,激发智育水平提升;保障运动负荷的有效落实,促进学生健康水平不断增强;解析项目特点与标准,借助个体和团队学练及展示培育对运动之美的认知;优化教学器材的任务式设计与实施,推动学生劳动意识和能力养成,稳步扎实有序推进体育学科教学目标及任务的达成。同时,在立德树人根本任务引领下,不断夯实实践与思辨的本体专业成长之路,形成相辅相成、互融互促螺旋上升的教学相长发展态势,持续提升自身教学实效。

——区学科带头人　宋俊

➤ 4 位区骨干教师的成长手记

我的教学观是"动之以情,才能晓之以理"。道德与法治学科的定位是落实立德树人根本任务的关键课程,以培育和践行社会主义核心价值观为根本目的,根据中学生的年龄特点和成长规律,由浅入深地进行道德与法治教育、马克思主义基本观点教育和有关社会科学的基础知识教育。

——区骨干教师　宗晓芳

在今天，我们对历史学科及其课程的本体已经有了明确的共识。历史课程已经不是仅仅了解史实并向学生传授相关历史认识的结论，而更多地在于培养学生获得历史结论的史学思想方法，"教有心，学有法"才能上好课。

我们的历史教学中书本教材内容广泛，这就更需要教师把握教学的核心观念，通融而不是孤立地去看待历史、传授知识，而是要精准化地把握内容主旨。作为历史教师的我需要"读书破万卷"，才能精准地选取史料，设计问题，对课程标准也需要读熟、读透、读深、读明。只有这样才能结构化地开展基于史料实证的深度教学，教学有中心才能提高教学效率及效益，培养学科素养。

而基础的史学思想方法是中学历史学习方法的重要组成部分，在教学有中心的前提下我能更高效地去引导学生理解历史知识的产生过程和我们形成历史认识的过程，从而提升历史思维的品质。

——区骨干教师 金懿慰

我的教育理念是"以敬畏之心教书，怀宽爱之心育人"，教师要敬畏知识，要敬畏课堂；对待学生要有耐心，有爱心。教书育人的首位是构建亲密的师生关系，亲其师，才能信其道。只有让学生感受到你的关爱甚至是偏爱，他（她）才能真正接纳你的育人方式。有时，教师做得不够妥帖的地方，学生也能理解。不同于其他学科，人们对待语文的态度十分微妙，在"努力学习"与"努力也没用"之间进行间歇性摇摆。学生天然地亲近母语，但他们对教材的兴趣犹如把玩玩具，喜新厌旧，并且自认为大部分课文一看就懂。面对这种困境，教师要努力培养自身的专业素养，把握语文学习的基本规律。教学理论要反复读，名师著作要结合视频或教学实录去看，尤其是文章的解读能力，构建良好的教学体系，以有涯之生逐无涯之知。课堂时间宝贵，每一堂课都是学生生命和成长的一部分，敬畏课堂就是敬畏生命和成长。教师在充分了解学生的认知水平的基础之上，要凭借解读能力和转化教学的能力,精准把握住激发学生思维,引发学生好奇心的教学内容,进而成就"一清如水"又充满生长气息的理想课堂。

——区骨干教师　罗未玮

秉承"为了师生共同成长"的办学理念,构建以全程化的五彩生命德育课程、校本化的基础型课程、适切化的拓展型课程、项目化的探究型课程、特色化的学生社团课程为框架的"五彩课程"。在科学课程中培养学生核心素养,让学生在学习科学课程的过程中,逐步形成适应个人终身发展和社会发展所需要的正确价值观、必备品格和关键能力。集中体现科学课程育人价值,包括科学观念、科学思维、探究实践、态度责任等方面。

结合九年一贯制学校梯队建设优势,进行初中、小学气象学科创新素养贯通式培育。进行气象特色课程体系的探索与实践。为学校教育"双减"做好科学教育加法。逐步充实学校跨学科创智实践课程群。

——区骨干教师　周震宇

➢ 4位区骨干后备教师的成长手记

语文教学对于老师和学生而言,就是用一根线串起一颗颗各有特色的珍珠。语文教师的课堂就是这根线,而学生在课堂上各个层次与角度的思考与表达就是这一颗颗珍珠。提高学生语文素养是语文教学的根本目标,这就需要我们在语文教学中注重培养学生的语言表达能力,提高学生的阅读理解能力,培养学生的思维能力,提高学生的审美能力。同时,语文又是一门实践性很强,同时又与生活密切相关的学科,因此在语文教学中,我们应该让学生多参加语文实践活动,让学生在学习语文的过程中,注重语文与生活的联系,以提高学生的学习兴趣和学习效果。语文教学中对于学生的评价不应单一化,应该注重多元化的评价。传统的语文评价方式往往过于注重学生的考试分数,而忽视了学生的实际语文能力。我们可以通过对学生的语文作业、语文实践、语文测试等分析,来全面评价学生的学习效果和语文能力。

——区骨干后备　蔡琨

上海市教科所曾对本市中小学生做过调查,结果表明学生普遍缺乏学习动机和学习方法。究其原因,教师的教学设计往往重题型而轻过程,重预设而轻生成,使得教和学之间缺少内在联系,导致学生被动学习、机械记忆,在知识习得的过程中缺乏对问题的探索,无法享受解决问题带来的成功体验,继而缺乏学习兴趣。那么作为教师,我们应该如何激发学生的学习兴趣,使教育恢复其原有的魅力呢?

一方面,我们要摆正师生关系,教师的"教"只有放在为学生的"学"服务的位置上,教师的"教"才能真正地引导好学生的"学";另一方面,我们要学会给学生铺设台阶,一个是"心理的台阶",让他们建立起学习的信心。另一个是"行动的台阶",信心的建立光有教师的鼓励也是不行的,更重要的是不断地提供让学生在学习中取得进步,取得成功的机会。

——区骨干后备　沈宇

教学是一门艺术。教师应不断强化这样一种意识,要以"一切为了每位学生的发展"为最高宗旨和核心理念。教师的"教"不仅仅是"传道、授业、解惑",更重要的是"开窍有术",善于诱导和点拨,尤其能通过引思路、探学法,使学生得到一把开启科学大门的金钥匙。

由"浅"入"深",让学生在已有的知识中成长。

以"情"引"趣",让学生在愉悦的氛围中求学。

以"错"激"思",让学生在"愤""悱"中探索。

以"学"促"教",让教师和学生共同进步。

教学中教师要去激活学生已储存了的知识细胞,课堂上要用我们的激情激发学生的学习兴趣,在其过程中充分体现出教师的引领、点拨作用。在课堂上给予学生一定的"留白"时间,舍得给他们时间讨论,有必要时搭建一些"脚手架",去实现知识的夯实与巩固,在和风细雨、润物无声的环境中促进了教学相长。

——区骨干后备　姜海玲

班主任是校园里最小的"主任",但担当着最重的责任,班主任是学生成长的重要陪伴者,是班集体的建设者,是家校沟通的桥梁。班主任工作的重要性不言而喻,其中班集体是孩子成长的园地,应发挥环境育人功能,对孩子起着积极作用,在班级里创造容错的环境,给孩子试错的空间。同时,教师要注意到孩子的成长时光中少有的"惊天动地"的大事,但正是一个个看似平淡的习惯、平凡的爱好、小小的成功和失败的体验描摹出了他们人生的轨迹,我们能做的也许有限,但是只要去播种爱和希望,就能在孩子的心里埋下了一颗随时可能发芽的种子。人的终身成长是一场马拉松,而不是一场短跑,任何学生都拥有改变的潜能,我们也要坚信自己是教育工作者,更有改变人的力量。

——区骨干后备　马惠

➤ 4 位区教育教学新秀的成长手记

为了更好地落实立德树人的根本任务,需要语文教学的立足点由知识本位转变到核心素养,培养目标也要完成从学科出发向育人出发的转向。在这种要求之下,作为一名语文教师,语文教学也必须适应从"教语文"到"用语文教"的转变。在课堂上,学生不仅仅是参与者,更要让其成为课堂的主人,让学生有机会陈述自己的观点,表达自己的所思所想,这样不仅锻炼了语言组织能力,也加深了对课文的印象,文章的理解。其次,语文的学习是从生活中来的,当然也要到生活中去。如果脱离实际生活,那么语文的课堂往往会让学生感到枯燥无味。在阅读名家经典时，就会因所隔时代久远，学生又缺乏相关的亲身经历，而感到无趣。在这种情况下，更要结合学生的个人经历，将语文放到生活中去。

——区教育教学新秀　任倩倩

五彩教育一直是我校在教学上的重点，其中，"悦读"十分适用于我现在所执教的一年级语文。有些孩子上课时不愿主动发言，是因为他们缺乏自信，害怕自己说错被别人嘲笑。有些孩子，尤其是刚进入小学阶段的孩子，对老师会有一种天然的崇敬感，所以他们可能会畏惧老师，因而上课不敢发言。

对于这类孩子，父母要着重培养孩子的自信，尤其在生活中要多多鼓励他们，让他们相信自己其实很棒。为了能让孩子上课时积极参与发言，父母也可带孩子进行课前预习，提前熟悉课程内容，这样老师提问时，孩子心里有答案后，就不会畏手畏脚，就敢举手发言。当孩子尝试过回答问题正确被表扬的喜悦后，他们上课主动举手发言的劲头就会更足。

——区教育教学新秀　杨伊云

师者，传道授业解惑也。我觉得教学首先要传道，要关爱每个学生，从学生家庭、性格等因素去了解学生行为背后的根本原因，去理解学生。只有跟学生建立了良好的师生关系才能更好地"传道"，从而培养学生良好的学习习惯，提高学生的学习兴趣。随后才是"授业"，这要求老师有很强的专业素养，只有自己拥有一桶水才能更好地、自如地给学生一瓶水，课堂才能生动精彩，最后解惑。我们在教学过程中会碰到各式各样的学生，或许有接受能力较弱的孩子。老师要有爱心耐心去帮助这些孩子，不断鼓励他们进步成长。就像徐校长说过的，一个孩子爱上这个老师的这门课，要么就是爱这个老师，要么就是爱这个老师的课堂。因此想要教好学生就要爱学生，同时不断提高自己的专业素养！

——区教育教学新秀　潘梦萍

我认为教师应该成为学生的引路人，应该以学生为主体进行教学设计，课堂采用不同的教学方法和手段，帮助学生建立自主学习的能力。全面培养学生的科学素养，为他们的终身发展奠定基础。

在课堂活动设计中，从学生实际出发，注重创设学习科学的情境，激发学生好奇心与求知欲，使学生在探究过程中体验学习科学的兴趣。

在科学教育的过程中，强化课程的育人导向，使学生逐步形成适应个人终身发展和社会发展所需要的正确的世界观、人生观与价值观。

总之，我的教学观点是以学生为中心，注重学生的全面发展和综合素质的培养，采用互动式的教学方法，灵活应变，不断探索和创新，为学生的成长和发展提供有效的支持和帮助，使学生的科学素养在主动学习科学中得到发展。

——区教育教学新秀　李毓华

➤ 5 位校学科带头人的成长手记

学生时代的我，喜欢数学题带给我的神秘感和成功解答后的成就喜悦感；如今为人师的我，又喜欢看到学生那满满渴望知识的眼神，喜欢看见他们做题后豁然开朗和恍然大悟的那一刻，喜欢他们一直在努力探究并积极向上的态度，喜欢他们一次次不服输继续挑战的勇气！

每个数学符号都是一个值得探访的"无底洞"———而我，也越来越喜欢跟孩子们一起学数学。数学教育应该是"浪漫课程、精确课程、综合课程"三部分连续构成，有机统一，且螺旋进阶、循环上升的。

——校学科带头人　刘奕

英语课堂是一个充满生命活力的课堂，是教师在围绕学生发展而精心设计的基础上，充分运用自己的教育智慧，保持课堂的灵活性和开放性，让自己融入课堂,与学生一道,共同参与活动的课堂。在课堂上要以表扬为主,注重培养学生学习英语的兴趣,鼓励他们大胆说、积极做、乐分享! 基于这一理念,在课堂中精心创设尽量真实的语言环境,激发学生兴趣,让学生在感受、体验、参与、合作过程中来学习语言,感受用英语交流的乐趣和愉悦感,培养学生用英语进行交流和思维的能力。

——校学科带头人　施宏伟

教育是一种使人成长、发展和进步的过程,它不仅仅是知识的传授,更是对人格、思维和行为的培养。教育应该以培养学生全面发展为目标,注重个性化教学和创新能力培养,倡导积极向上、乐观向善的价值观。不仅要注重学生学科素养的提高,还要关注他们身心健康、个性特点及社会适应能力等方面的全面发展。帮助每一个学生都能得到适合自己的教育,实现"人人皆可成才"。

——校学科带头人　贾旭光

物理学科是实验为主的学科。在教学中,教师应根据教学内容,巧妙融入探究实验活动,除了演示实验之外,更多地给学生自主操作、主动实验的机会,培养学生观察、分析、综合运用的能力,发展实事求是的科学态度。

物理教学要由表及里,由现象到本质,循序渐进,在知识发生的过程中渗透物理思想和方法,在问题的探索和解决过程中揭示物理规律,使学生从中掌握物理思想和方法的知识,并把这些知识应用在后续的学习中。在教学过程中,教师要引导学生发现问题、提出问题、解决问题,进一步释放学生的思维潜能,培养学生的思维能力。还可以引导学生把生活中的现象和问题转化为物理问题,进一步揭示物理现象、物理概念、物理规律间的联系,提高学生对物理的兴趣,培养解决问题的能力。

总之,在物理教学中,我们老师要优化教学模式,创新教学方法,让学生会学、乐学,不断提升综合素养,养成良好的学习习惯和科学的方法,养成科学的学习态度和热情,发展思维能力和学习能力,从而促进学生全面发展。

——校学科带头人　金琦

　　学校的"五彩"教育通过丰富与多元的教育活动赋值师生,而英语学科教学也应具备如下五"彩",即"学科、问题、对话、评价和作业"。"学科之彩"是基于学科文化背景,使学生在课堂中更多地了解和接触多元的生活方式和思想观念,让教学内容指向学科核心素养。"问题之彩"重在创设问题情境,以问题为导向,引发学生深度思考。"对话之彩"则是以学生为中心,在课堂教学中开展充分的师生对话和生生对话,在互动中培养学生的语言表达和思维能力。"评价之彩"要尊重差异,创造力源于差异,赏识每一位学生的与众不同,让评价成为一种引领,更是一种激励。"作业之彩"注重分类分层,作业内容既要弥补教学未能达成的目标,亦要指向学生高阶思维能力的培养,作业难度既要让学生不是触手可及,又非望尘莫及。以上"五彩"构成我在英语教学过程中的基本点,也是重难点。

——校学科带头人　徐燕萍

第 六 章

在「多彩管理」上着墨

　　一所优质的学校，必须有一支优秀的团队，尤其是有一支优秀的管理团队，形成一个紧密互信的共同体。学校管理的重点在"人"，管理学校实现高质量发展，着力落实抓党建核心，树党员先锋示范作用，抓班子建设形成纵横协调联动工作机制。努力践行教育改革，创新学校管理方式，基于优质发展实施管理样态的优化与完善，探索实施"实效为真目标式、规范为先制度式、以人为本民主式、成长为要激励式"管理新样本，不断提升学校办学品质，把学校建成师生共同成长的五彩家园。

校长管理一所学校,可以从《易经》《尚书》《论语》《孟子》《道德经》等国学经典中追根溯源,不断印证和审视自己过去的工作,有助于提高学校应对教育变革的能力,并进行深入的思考。

国学经典中涉及变革的名言:"以作事谋始""当位以节,中正以通""与时偕行""以时发""行险而顺"五项原则,对应着学校管理中的凝聚力、执行力、文化融合力、适应力和创造力,校长的工作就是要以办学理念为指导,立足学校实际,想方设法提升学校应对教育变革的这五个"核心能力"。

学校管理从本质上讲都是人与人之间相互作用的方式,而其作用结果表现出的也是人的变化,最终呈现给我们的是一所学校在无数个个体的变化中得到发展。

校长管理一所学校,涉及的工作林林总总,管理方法也是千差万别。通过学习和工作经验的积累,我体会最深的研究方式是从《易经》《尚书》《论语》《孟子》《道德经》等国学经典中追根溯源,再与西方先进的教育管理思想进行比较,最后结合自身的工作经历和管理经验提炼出自己的想法,特别是主动应对教育变革的"真谛六面"与"十二项原则"。

随着我国基础教育的快速发展,义务教育阶段学校发展的不均衡与学生、家长对教育质量的高诉求逐渐成为主要矛盾。各种研究表明学校办学的综合实力包括硬件和软件两方面,硬件是学校发展的物质基础,但是对一所学校来说,并不是有了漂亮的校舍、先进的设施、与众不同的名称、优秀的生源条件等就能在教育变革浪潮中长期立足，最重要的是要拥有核心的应对变革的能力，包括先进的办学理念、人文的学校管理、深厚的文化底蕴、过硬的教学质量、良好的办学效益，以及一个优秀的管理团队、一支过硬的教师队伍，最终反映在学校对社会的影响力以及对学生的造就力上。

市光学校虽已成为一所全方位发展的九年一贯特色学校，但面对更高标准的要求和进一步发展的机遇，自当发愤图强，再做新探索。学校必须从自身的独特文化入手，通过对学校办学内涵的挖掘与实践，"注重创新人才培养，推动教育的个性化发展"，满足社会对优质教育的需求，为区基础教育均衡发展和创新发展出力、添彩。基于以上认识，学校各项工作都要以办学理念为指导，立足学校实际，想方设法提高应对教育变革的"核心能力"。本文选取了国学经典中涉及变革的"以作事谋始""当位以节，中正以通""与时偕行""以时发""行险而顺"为五项原则，就本人今后考虑提高所在学校应对教育变革的能力以及工作策略进行分析论述，以期达到学以致用的效果。

"作事谋始"与学校的凝聚力。"君子以作事谋始"出自《易经》第六卦"讼"，此卦《象》曰："天与水违行，讼；君子以作事谋始。""作"是创造、动作、行动的意思。"谋"是思虑、计划、商议的意思。"始"是初始、首先、根本的意思。全句解释为：君子在做事前要深谋远虑，消除在过程中可能引起争端的因素。《易经·系辞下传》中说："君子安其身而后动，易其心而后语，定其交而后求，君子修此三者，故全也。"这句话，孔子实际上要告诉我们"谋"最重要的是要扭转"天"与"水"背道而驰的局面，只有上下形成合力，才能有所作为。学校要顺应教育的变革，必然会遇到各种各样的矛盾，这是极其正常的现象。如果我们观察一所凝聚力强的学校，其教职员工一定能够在很短的时间内，努力围绕着学校新设定的教育教学目标，精诚团结、互相信任、互相协作，在学校内部自然而然形成一种积极向上、团结有力的工作氛围。我们不能说上下级之间一团和气就是凝聚力，那么面对外部变革压力时学校消除阻力，达成共识的迅速程度才真正意义上代表着这所学校的凝聚力。凝聚力的强弱从一个侧面反映了学校推动变革的原动力大小。

"中正以通"与学校的执行力。"当位以节，中正以通"出自《易经》第六十卦"节"，此卦《象》曰："说以行险，当位以节，中正以通。"这句的含义是当一个人从事艰险的工作时，要随时随地注意节俭物力、体力，故称"当位以节"。能够做到"当位以节"，才能保持身心平衡，通过艰险、困苦之考验，故称"中正以通"。从文中隐含"竹"的成长现象，结合管理学的角度看的话，这句话最后八个字还可以理解为只有了解了目前的状况和今后的方向，并且辅之以即时的行动和有效的突破，才能顺利推动工作的完成。按照现代管理学理论，学校执行力是指教职员工把办学理念、思路、规划、制度和部署付诸实施的能力、力度和效果。它综合体现在教职员工对学校决策、制度执行与落实的情愿性（即态度）、积极性（即过程）和有效性（即结果）三个方面。众所周知，教师干的是"良心活"，不同于企业，可以计时、计件，所以一味地移植企业的管理模式于教育，难以实施与奏效。有鉴于此，我认为应该变原来单纯的"由上而下"为"由下而上，再由上而下"的内部管理机制。原则中"当位以节"就是在办学的每个阶段或某一项工作结束后要"由下而上"地即时总结经验，评价得失；"中正以通"就是在小结的基础上要"由上而下"地统一思想认识，明确下阶段工作部署并且加以督促和指导。学校的执行力关键在于"节"与"通"两方面的机制建设，形象地讲，学校的执行力如同竹子的高度以及挺拔度一样，同样制约并决定着一个学校应对变革时办学质量的优劣。

"与时偕行"与学校的文化融合力。"与时偕行"出自《易经》的第一卦"乾"，原文是"君子终日乾乾，夕惕若厉，无咎"。"乾乾"是孜孜以求的意思，"夕惕若厉"是说到了晚上还心怀忧惧，不敢松懈。这句的含义是谨慎做事，自强不息，和日月一起运转,永不停止,才能够天天有所提高。这句话给我们最大的启示是只有做到了精神认识和行为表现的高度统一,才能得到圆满的结果。学校文化是学校精神文化、制度文化、物质文化和行为文化的总和,其中精神文化是核心,是学校文化的最高表现;制度文化是学校文化的条文规范;物质文化是学校文化的物态展示;行为文化是学校文化的活动再现。从逻辑上讲,制度和物质文化是保障,精神文化、行为文化,一个是目标,一个是结果。我们都希望所倡导的学校校风、教风、学风在师生的行为上有所展现,其表现的充分程度(文化底蕴)就是学校文化的融合力,也是一所学校的核心竞争力。

"以时发"与学校的适应能力。"以时发"出自《易经》第二卦"坤",此卦《象》曰:"含章可贞,以时发也。"全句大意为战胜殷商是称心的占卜,说明能抓住时机采取行动。此卦《象》曰:"至哉坤元,万物资生,乃顺承天。"这句含义为广阔无际的大地是生成万物的根源,万物都依靠它而成长,只有顺应根本才可秉承天道。两句结合起来看,我的理解为规律以及时机是我们观察外部环境的两个视角,也是我们决定是否采取行动的两大依据。西方心理学研究表明:个体为与环境取得和谐的关系而产生的心理和行为变化,是个体与各种环境因素连续而不断改变的相互作用过程。个体在遇到情境变化时,有三种基本的适应方式:问题解决,改变环境使之适合个体自身的需要;接受情境,包括个体改变自己的态度、价值观,接受和遵从新情境的社会规范和准则,主动地做出与社会相符的行为;心理防御,个体采用心理防御机制掩盖由新情境的要求和个体需要的矛盾产生的压力和焦虑的来源。学校应对教育变革的方式显然只能采取解决或者接受模式,无论采用哪种方式都要取决于对规律、时机的敏锐度和把握度,通过观察和感知可以帮助我们主动识别周围环境和活动,不仅能发现表面的问题,更有助于我们深入发掘事物潜在的规律和特性,为下一步的分析、判断、推理和解决方案做出很好的铺垫。

我们是否可以认为，这样的观察和感知能力是学校前瞻性的适应能力。

"行险而顺"与学校的创新能力。"刚中而应，行险而顺"出自《易经》第七卦"师"，此卦《象》曰："刚中而应，行险而顺，以此毒天下，而民从之。""毒"同"督"，治的意思。全句含义是如果有所准备，而且勇于承担，才能顺利渡过风险，以这个方法治理天下，那么百姓才会拥护和跟随。我个人理解，既然万事万物都是变化的，就必然会有"行险"——压力和挑战，只有主动"应"，才能达到"顺"。学校教育必须符合社会和经济的发展要求，从长期来看，这种要求带来的就是教育本身递进、绝对的变革。所以从管理角度讲，学校要想持续发展、创建和维护品牌，就必须对变革有所准备，以改革创新的精神、敢为人先的思维、驾舟弄潮的行为来开创学校教育教学工作的新局面。从具体实践来说，就是要善于发现师生的潜能，善于运用相应的方法给予培养，探索适合本校的创新人才培养模式。我们可以这样认为，面对即将或已经到来的教育变革，学校提前准备的程度和勇于实施的能力就是这所学校的创新能力，而创新能力的高低也是学校发展的基本特征。

多年来，我校坚持探索建立有效的管理机制，落实有效的管理措施，运行有效的管理方法，形成了"以目标管理为导向、以制度管理为基础、以民主管理为准则、以激励管理为抓手"的学校内部结构管理框架。

第一节　实效为真质量观的目标式管理

在学校的管理中人是管理的核心，管理的目的在于发挥人的价值，发掘人的潜能,发展人的个性。人力资源谋划无论对教师整体还是教师个人,都需要注意刚柔相推,张弛有方,才能进退有序,才能在管理团队与教师之间形成合力。

强化人力资源管理,增强学校凝聚力要从"刚推"与"柔济"两方面着手。"柔济"要做到四个方面:一是要全面了解教师,熟悉教师,尊重教师;二是要培育教师的主人翁精神,让教师参与学校的决策管理;三是要知人善任,各尽其才;四是要以身作则,使教师产生愿意跟着干的工作吸引力,形成敬重、信赖的学术吸引力。

"刚推"要做到"五个坚持":坚持学生首位,永远以学生的需求为出发点;坚持"人才强校",强调"人人都可以成才",建设宽松的创新环境和文化环境,形成鼓励创新、容忍失败的良好氛围;坚持共创事业,强调立足岗位作贡献,从细节上抓落实,努力营造"有序竞争,人尽其才"的良好环境;坚持定位导向,完善目标考核内容,明确责任职责,扬长避短,共谋发展;坚持党建保证,抓好组织建设,形成优良作风,营造和谐的发展氛围。

一、用发展规划引领学校提优

2020 年,学校接受并通过了杨浦区人民政府教育督导室对学校办学水平综合督导评估。在完成综合督导任务后,学校制定了新一轮五年发展规划,将区域教育综合改革的任务要求融入学校发展,在对办学优势与特色进行理性分析的基础上,明确了学校发展目标和发展任务。为了保障规划的有效实施,学校建立规划实施领导小组,建立规划实施目标责任制,并落实到人。每学期的计划均围绕规划中提出的目标来确定要求和制定措施。学校加强规划过程性管理,校长室、部门定期检查与评估学校、部门和个人的目标实施进展,并根据实际情况及时调整,确保目标管理落到实处。

二、用优秀管理团队赋能学校提质

推荐校级后备干部参加局党委举办中青班干部培训，做好校中层干部队伍的梯队建设。学校实行优秀青年教师部门轮岗制，有计划有步骤地对轮岗的中层后备干部进行考察；积极支持优秀青年中层干部参与外出轮岗锻炼。近年来，推荐多名优秀青年教师为校级后备干部人选，提拔多名青年轮岗干部为中层干部，继续选调青年教师到学校教学部、德育部轮岗历练，接受组织的考察和选拔，为学校中层干部的培养和选拔做好准备。推荐十多位青年教师分别参与于漪教育思想研修班，走近杨浦好老师，加入区班主任高研班，参加区域内"方圆之道"班主任等市区培训，不断修炼成长，提升青年教师的综合素养。

三、用办学实效达成学校提速

学校秉承"让学校成为师生共同成长的家园"的办学理念，努力创设一片师生多彩发展的空间，着力营建一所校园文化浓郁、教师团队进取、教学设施完善、教育质量优良、学生快乐成长、家长满意、学生喜爱的好学校。学校每学年通过家长问卷的形式了解规范办学情况，同时显示家长对学校总体办学水平和对教师师德现状的评价满意度逐年提升。学校获得了"上海市依法治校示范校""上海市安全文明校园"的称号。

第二节　规范为先发展观的制度式管理

"没有规矩,不成方圆",学校只有建立完善的规章制度,才能使得各项工作有章可循,确保学校教育教学正常运行。倘若学校规章制度是闭门造车的产物,其必然因为缺乏群众基础而成了无源之水,无本之木,非但不能推动学校工作的开展,还可能影响原有的学校教育生态,甚至让学校陷入停滞不前的尴尬处境。制定学校制度不仅关系着制度本身的威信,也决定着制度能否得以顺利执行并产生应有的效益。

在规范化、常态化学校管理中,我认识到提升学校执行力的方法有五点:一是要提高对政策的理解力和操作力,保障政令畅通;二是要推行扁平化管理模式,形成学校领导所想和教师所想的高度统一;三是要形成服从大局、目标明确、简单高效、执行有力、团结紧张、追求卓越、大气谋事、精细做事、踏实干事的执行力文化;四是要注重目标的引领,使每个个体的发展在互动交织中形成学校的共同奋斗目标,并把它具体为教工宣言,内化为前进的动力,形成召唤教职工共同前行的指南;五是校长要率先垂范,领导力就在执行之中,领导就是要领导执行。领导人要做好执行的工作,必须管理好人员、战略、运营三项核心流程,同时要全心全力投入其中,成为学校执行力的推进器。

一、分层酝酿建立规范规章制度

规范化、人性化管理与制度管理是相辅相成的,制度管理是规范化、人性化管理的基础,而规范化、人性化管理是制度管理基础上产生并发展出来的结晶,它既符合人性,又符合理性,最终达到"发展人"的根本目的。学校制度与教师的工作、学习和生活息息相关,关系着教师的权益,决定着教师的行为方式和职业幸福感,所以学校每一项规章制度的制定无不遵循"分层酝酿"的原则:首先由学校领导班子起草、酝酿制度;紧接着召开行政扩大会议讨论、修改制度;然后向全体教师解读制度,并按教研组为单位让每位教师提出修改意见;最后针对教研组汇总的教师意见,学校领导班子进行酝酿和反复论证。正因为分层酝酿,反复推敲斟酌,才使得制度在教代会顺利通过集体表决。学校制度经过全方位、多维度和多轮次的酝酿与论证,已经内化为大家的共识。每位教师都是学校制度的制定者和参与者,学校制度的执行也便畅通无阻。

坚持用制度管人,坚持用制度管事,坚持用制度管物。学校坚决执行国家规定的收费规定及文件,取信于民,做到收费公示及中小学代办服务性收费项目备案制度。严格执行财务预算制度,管好、用好教育设施设备,提高学校教育经费使用效益。

二、分权而治挖掘班子管理潜能

作为校长不独揽大权,坚持放权给中层干部,这样会让中层干部增强责任意识,让大家提升主人翁精神。将中层干部推上学校管理舞台,能够有效调动大家的工作积极性,积极营造学校的民主管理氛围,从更高视角审视学校发展、规划发展蓝图,宏观管理学校。这是实现学校民主管理的重要基础。根据各职能部门的岗位职责,遵循"谁主管谁负责"的原则,充分凸显并发挥每个处室应有的作用。对于各职能部门主抓的工作,或者是各职能部门开展的各项常规教育活动,我不用做到事必躬亲,而是由各职能部门负责人全权负责。学校简政放权、分权而治,省去了学校管理工作上的一些繁文缛节,不仅提高了各部门工作的执行效力,也进一步明确了中层行政干部的岗位责任意识,还充分挖掘出了行政班子成员的学校管理潜能。

三、分块考评营造公平竞争氛围

"公则四通八达,私则一偏而隅"。评优评先、评职晋升、绩效奖金考评等关乎每位教师切身利益的事情,倘若学校不能做到公正、公平和公开,做到让教师口服心服,非但不能起到激励和鞭策教师的作用,反而可能打击大多数教师的工作积极性。在这些事关教师切身利益的工作上,学校务必有一套行之有效的为大家所公认的考评方案。这是实现学校制度管理的重要保障。

对于事关教师个人利益的事情,学校从全局出发,严格遵循激励教师和促进发展原则,基于教师的工作年限、岗位分工、任教学科以及工作业绩等各种实际情况,具体问题具体分析,对教师分事项、按模块进行考评。比如,学校对教师绩效考核采取百分制,根据每位教师每月绩效考核得分的多少核算奖金。但考虑到教师的任教学科不同、分工不同等原因,还是存在着一些不公平的因素。为此,学校又根据教师的任教学科情况,按照语文、数学、英语及技能常识科等几个模块进行单独考评。"分块考评",不仅让教师对考评结果信服,而且能够在各组教师之间营造一个良性的公平竞争氛围,并且有效促进教师成长和学校的可持续发展。

第三节　以人为本生态观的民主式管理

以人为本管理的核心是发扬民主，让师生感受到自己的主人翁地位，从而激发其对工作、对学习、对学校的热情，使之更好地为学校发展贡献力量，营造以人为本的氛围。

坚持以教代会为基本形式的校务公开民主管理建设，组织开好教代会，规范教代会程序和校务公开内容，主动、自觉公开并接受监督。发挥劳动人事争议调解小组作用，积极构建和谐劳动关系。组织创建文明组室，积极构建和谐校园，助力文明校园的创建工作。聚焦建家工作，持续推进"教工之家"建设。提升"天使妈咪小屋""幸福芳苑"妇女之家建设内涵。依法维护好教工合法权益，保障教工体面劳动、舒心工作、健康生活。

一、优化完善常态化的教代会制度

学校严格执行"三重一大"制度，凡涉及重大决策、干部任免、重大项目安排、大额资金使用、教师绩效考核、骨干教师评选等重要事项，均通过学校行政会、校务会、聘任委员会或支委会、教代会等程序，做到民主、科学和规范决策，会议记录翔实，切实推进学校领导民主集中制建设。学校还发挥教代会在学校校务公开、民主管理工作中的积极作用。审议并通过《市光学校岗位等级晋升工作方案》《市光学校义务献血实施细则》《市光学校星级班主任评选实施方案》等制度，切实提升教职工民主参与学校管理的意识。

二、优化完善多样化的校务公开机制

学校把校务公开作为推进学校民主建设的切入点，定期整理校务公开事项，并在校务公开栏以书面形式向全体教工公示，通过张贴公示、教工大会通报、校园网公示等形式通报教育经费收支情况、人事调动、职称评审、工资晋升、评优评先、干部任免、学校重大物资采购、各项规章制度制定和实施、年度绩效工资发放、校服征订等事务，畅通信息，上情下达。

三、优化完善多元化的社会参与机制

学校充分利用家长优质资源，开展家长进校园活动。如邀请家长刑警803进入学校课堂，为初中部全校师生进行禁毒生命教育和警犬缉毒表演等；邀请家长参与学生的仪式教育，如"十四岁生日""毕业典礼"等；邀请家长参与学校重要活动，如学校艺术节及运动会，使家长在校参与见证孩子的成长。邀请市区级家庭教育专家为我校家长开展不同主题的家庭教育指导；通过每学期的家长会及家委会，为学校、家长和老师搭设了长效交流平台，学校以工作汇报、主题讲座等方式，使家长了解学校教育教学工作的开展情况和学生的在校情况，为更好地促进家校共育创造条件；学校也邀请学生家长走进家长学校，以家长微讲座形式交流和分享有效的家庭教育经验。以杨浦区开展教育大调研为指导，设计学生家庭情况调查问卷，让教师更好地了解学生在家庭中的学习生活情况。通过家长及学生问卷调查，制定我校家校沟通微信公约，畅通网络交流渠道，加强家校合作。

第四节　成长为要素养观的激励式管理

马斯洛的需要层次理论将人的需要分成 5 个层次,从低到高分别是:生理需要、安全需要、社交需要、尊重需要和自我实现需要。其中,生理需要是人类维持生存的最基本需要,包括衣食住行等。人只有在生理需要得到满足的前提下,才可能去获得其他需要的动机。社交需要是人希望与他人交往,获得归属感的需要。尊重需要包括自尊和尊重他人,能极大地激发个体的工作热情、创造力,会充分挖掘自身潜力,积极创造条件发展能够在新的平台上到达一个新的阶段。

激励机制在管理中的运用,是为管理提供更好的手段和方式,是为更好地实现管理的目标。在学校管理中,师生处于不断地学习、教学等一系列的活动中,从心理学的角度看,从事活动的动力主要是人的需要,这些需要既包括低层次的生理需要,又包括高层次的社会需要,是人行为的原动力,是个体积极性的源泉。

一、用尊重理解为学校激励管理提供基础

激励管理是由学校管理的特殊性决定的,是学校育人的根本。学校管理"以人为本"就是以师生为本,尊重理解师生。"激励管理"是在"尊重理解"的环境里让师生学会尊重他人、理解社会。我校管理者以教师为本、尊重教师,教师才能以学生为本,尊重学生。马克思说过:"一个人的发展取决于和他直接或间接进行交往的其他一切人的发展。"因此,营造一个平等、团结、尊重的组织氛围,对于激发

教师的主体精神具有极大的感召力,尤其在新课改背景下的学校管理,更强调对师生的尊重。

"一千个教师就是一千个哈姆雷特。"在实践中,从关注人的生命的整体发展出发,关注教师的个体差异,尊重教师的个性,尊重教师的主体地位。教师工作探索中的失误,个人习惯中的缺憾,心理不平衡引发的过激言行,应给予谅解和帮助。更重要的是要承认教师的发展能动性,不刻意压抑教师的教学个性,想方设法扶植教师的多元化发展,把过于集中的教育教学权分配给教师,合理分配教师资源,组合成最优化的整体状态,以取得教学管理的最佳结合,做到以岗定人、量才使用、人尽其能,做到能者上,庸者下,让学校的每一位教师在具体的教学工作中获得公平,让每一位有创意的教师形成自己独特的教学风格,为学校的良性发展奠定坚实的人力基础。

二、用欣赏信任为学校激励管理提供动力

"激励管理"的最高境界是促进师生学会发现,带着微笑去欣赏信任他人、欣赏信任社会。激励是一种"仰视",我们带着尊重和谦量去欣赏每一位教师,带着"你能行"的眼光去勉励教师,让教师视你为知己,视学校为自己的家。信任是一种"宽容",是一种海纳百川,既容人之长,又容人之短,容人之异,用敏锐的眼光去欣赏教师身上哪怕只是很小的闪光点。欣赏是一种"认可",我们对教师工作进行积极评价,对教师劳动成果给予充分肯定、尊重和精神激励,尽可能满足教师的愿望,让教师获得巨大的工作内驱力。学校努力营造一个和谐、团结、尊重的组织氛围,一个爱岗敬业、奋发向上的教学氛围,想方设法为发挥教师的才智创造适宜的条件,最大限度地调动全体教师的积极性与创造性。

我们把信任欣赏作为调动教师工作积极性的重要因素。新时代教师有思想、有激情、有独立人格，他们期望得到他人的信任与欣赏，获得他人的关爱。我和我的管理团队学会了尊重、理解、信任、欣赏，把严厉的管束变为对教师的理解和信任，欣赏教师的人格，尊重教师的工作，理解教师的合理需要；善于从一般发现特别，从平庸捕捉非凡，努力把握教师个性，用每一位教师的闪光点去激发教师不断进取；提升服务教师意识，时刻关心教师的疾苦，加强与教师沟通，发现问题，找出症结，寻找解决问题的最佳途径，成为教师心中热心的人和靠得住的人。

三、用激励评价为学校激励管理提供保证

教师是学校教育的直接执行者和学生智力心灵的开发者，教师工作复杂繁重，只有不断地激励、调动和强化，才能将教师的智慧与热情、探索与创造力最大限度地挖掘出来。而学校管理是以调动人的积极性和创造性，促进人的发展为宗旨的，这就离不开激励，有效的激励机制不仅是培养优质师资的保证，也是实现学校激励管理的重要保证。学校管理把教师管理作为第一要素，树立"以教师为本，教师第一，教师发展第一"的现代管理理念，着力营造良好的爱岗敬业氛围，让教师明确办学理念，民主参与学校管理，加强教师学习培训，尊重个性差异，科学合理评价教师，合理分配教师资源，充分发挥教师主观能动性，挖掘隐藏在教师身上的各种财富，提高管理实效，促进学校健康向上发展。

学校常态化开展"三亮三比三评"活动，在学校宣传橱窗公示党员身份，公开党员承诺，引导全体党员铭记党员身份，履行党员义务。党员应接受教职工群众监督。近年来，形成了第一批校级党员示范岗，在党员先锋岗、服务岗或责任区挂牌，促使党员自觉发挥先锋模范作用。在良好的合作和竞争氛围中，借助"创先争

优"评比表彰平台,激励教师参与五彩生命主题大赛、校级情景问题处理竞赛、"相约周一课堂"等活动,评选出校优秀教师、校园丁奖、校最美教工、校师德标兵、集团师德标兵等,努力形成"学先进、争先进、做先进"的良好氛围,促进学校优质发展。

建立促进教师不断提高的激励性评价体系,改变过去评价主体单一化,评价内容较片面,过于注重成绩,忽视素质和全面发展,关注结果而忽视过程的做法,强调教师对自己教学行为的反思,建立以教师为主,校长、教师、学生、家长共同参与的评价制度。充分认识评价功能以导向、激励、调控等教育功能为主,以鉴定、选拔功能为辅,对教师评价主要是为了提高教师综合素质,调整教师的教育行为,改进优化教育过程。评价既重视教师的业务水平提高,也重视教师的职业道德修养。评价与工作过程紧密结合起来,重视教师的自我评价。例如学校对教师进行教学评价,让教师提供教学设计方案、典型个案分析、经验总结、科研成果等相关资料,突出教师在工作过程中的自我认识、自我评价、自我调控、自我完善。评价结果为评价者双方了解自身的发展情况,激发行为动机,为今后更好地发展提供科学的依据,而不应单独成为教师提职晋升、评优评先的唯一条件。同时,学校还根据评价结果,指导教师制订改进计划,促使教师提优发展。

【我的手记】做教育的守望者

1990 年,当我踏上教师岗位后,对教师这一职业充满敬畏,对教育事业情有独钟。回顾 34 年的教育人生,我的教育生活中没有什么惊涛骇浪,也没有什么丰功伟绩,只是始终如一地做好一件事情,那就是教书育人,春风化雨。以矢志不渝的热情和润物无声的情怀,静待花开,为师生成长营造一个五彩斑斓的世界。

坚持育人,让学生在课堂真实成长。 课堂是一个神圣的地方,可以带着孩子们放飞梦想。教师不仅要在教学内容上深研，在教学技巧与方法上用力，更要构建起和谐的师生关系，这样才能真正实现"教"与"学"的和谐，让学生在课堂上生长智慧、发展能力、润泽生命，从而实现高质量育人。多年来，我着力引导学校全体教师聚焦课堂、改进方法、提高质量，为学生的终身发展而努力。我始终坚持走进课堂，和老师一起在课堂教学的研究和实践中感悟教育之美，并努力将这份美传递给所有学生，让孩子们能够在充溢着真善美的课堂上涵养生命、真实成长。

坚定信念，让教师发展光鲜亮丽。 教师是学校发展的核心竞争力，也是一所学校走向高质量发展的底气。多年来我对学校的教师专业发展倾注了较多心血，尤其是把青年教师的培养作为头等大事，全力支持青年教师的成长。通过各类学习共同体的建设和发展平台的搭建，引导他们心怀远大愿景和坚定信念，笃学慎思，尽快胜任岗位并成为骨干；而对于教学风格成熟的各级骨干教师，鼓励他们厚积薄发，在优秀的基础上进一步探索求真，走向卓越。

坚守初心，让学校成为五彩斑斓的世界。 我始终坚持办一所不辜负上级信任、教师期待，满足当地百姓需求，成就每一个学生多彩成长的学校。以立德树人、铸魂育人为办学之道，立足文化传承，培养有根的人。课堂教学与课外实践相结合，以精细育人铺就学生未来，让每个学生都能成为最好的自己，拥有精彩的人生。多年来，我像农民耕种土地那样精细耕作，勤恳经营好每一棵小苗，希望通过九年的深耕细作，为学生打好未来底色。

学校空间有限，但育人情怀无限。教育生活日复一日，学生来了又走，走了还来，我就是那守望者，成就学生也成就自己。我最大的愿望，就是当好教育的守望者。

后记

　　“五彩教育”是我在市光学校担任校长的校本行动研究成果，是多年来在持续深化教育改革中探索出的基于学校本位的素养教育个性化的实践样式。学校在五彩教育理念指导下进行了富有成效的实践探索，形成了独具特色的“五彩教育”落地实践体系。

　　这本书从办学思想理论体系和办学实践扎根探索两个维度对学校发展成果与经验给予客观理性的描述。全书既是我个人在市光学校做校长十年以来提出“五彩教育”的哲学定位、办学思想的视野与思考，更是全体市光学校教师共同智慧的结晶。在此，向他们表示由衷的感谢。

　　在本书写作过程中，我特别感谢杨浦区教育局领导的关怀与期冀，感谢上海市教育科学研究院杨四耕教授和杨浦区教育局原研究室胡振凯主任对书稿的撰写提出了许多富有指导性、可操作性的建议，书稿完成后，杨四耕教授还认真审阅，并提出修改和完善意见。也感谢我的管理团队祁洁、宗晓芳、徐燕萍、罗未玮等老师热情帮忙搜集、整理散落于各个时间、空间的文字资料。成书的过程是一种时空、场景或断或续的“穿越”，是一项艰辛细致并需要些许智慧的劳动，没有大家的热心支持与智慧奉献，也许我无法在短期内完成这一本并不是那么容易完成的书稿。

　　限于本人的经验与水平，书中的观点与结论难免存在着一些有待商榷之处，敬请专家和同仁斧正，以便更好地完善我们的研究与实践。

　　在出版过程中，还得到了华东师范大学出版社的大力支持，衷心感谢华师大出版社对本书出版所做的大量工作。

最后，借本书出版之际，谨向所有关心、支持和帮助我的领导、专家、同行和朋友表示诚挚的感谢！

徐劲潮

2024 年 3 月 16 日